西門町

爛漫年代*

她的美麗妖嬈，他們的青春回憶

王偉忠
阮慶岳
李立群
范可欽
倪重華
張國立
郎祖筠
溫慶珠
顏忠賢
舒國治
駱以軍
隱地
賴正哲

蘇誠修／企劃統籌

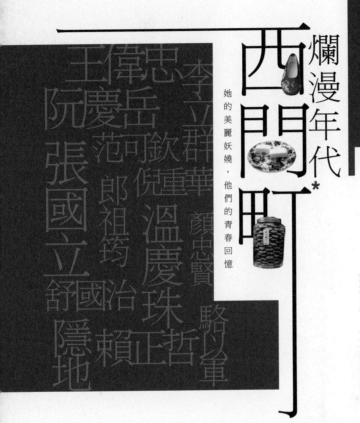

目錄

SONY

目錄

SONY

文學

老地圖

隱地

與西門町

本名柯青華，臺灣作家、出版家。一九四七年來臺。政工幹校畢業後，先後擔任過《青溪雜誌》、《新文藝月刊》、《書評書目》等雜誌的主編，一九七五年創辦爾雅出版社，任發行人至今。作品以散文為主，曾多次以西門町為題寫作，用生命的軌跡見證了西門町的興衰起落。

西門町，昨日裡的永恆回憶

隱地：「我老了，西門町仍年輕。」

關於西門町，這是我腦海中的永恆畫面：我坐在白光冰果店的二樓，吃著麥角冰，眼睛注視著對面的電影看板。

那時候，白光冰果店的對面是大世界戲院，所以，在白光冰果店二樓就可以清楚看到戲院的手繪看板。我有一篇小說〈兩個二十九歲的孩子們〉，就是以那個場景為背景，寫出當年小說主人翁的苦悶情結。

我這輩子都住在臺北，至今已七十幾年。雖然都是臺北，但由於家庭因素，搬家搬了很多次，有段時間就住在西門町的昆明街（就在國賓戲院斜對面）。因為住過西門町，又因為十六歲時在西門町賣過報紙，對於青少年時候的我來說，西門町就像我家，只要有時間，就成天在西門町晃。

當然，為了籌措學費而賣報紙的時候，沒餘裕吃冰或買書。我和西門町相處最密切的時間，其實是六〇年代，也就是我大專念軍校，以及剛分發工作的那幾年。

飄蕩四周的人文咖啡香

對我來說，當時西門町的魅力，或者說是後來我還戀戀不忘的記憶，來自萬國戲院（後改為絕色電影院）對面的「文星書店」，以及附近的「野人咖啡屋」和武昌街上的「作家咖啡屋」。

那家名叫「野人」的咖啡屋，就在萬國戲院的斜對角，賣王大吉茶的峨眉街地下室。果真店如其名，那裡聚集了眾多的前衛之士，有些人的行徑接近野人。距離野人約一千公尺，武昌街上有另一家名叫「作家」的咖啡屋，只要你走進去，就可以看見詩人羅門在那裡大聲說話。那時我是不喝咖啡的。一方面是貴，另一方面是覺得不敢喝那種苦水。到咖啡館，為的是感受那邊的氛圍。

至於在文學圈赫赫有名的明星咖啡館，那是民國五十五年，穿了哥哥從香港為我帶來的一件皮夾克之後，我才開始到那裡喝檸檬水。在詩人周夢蝶的書攤上買到了《現代文學》，視為至寶，至於洛夫的詩集《石室之死亡》看得半懂半不懂，但那時人人都在談這本書，形勢強迫著我，也要擁有一本。

關於我的皮夾克，也充滿傳奇，它無數次進出當鋪，可見在貧窮的年代，它甚有價值。有一次，我周末放假，回到家立刻把軍服脫掉，想穿上它去西門町溜達，發現皮夾克又不見了，我當然知道它去了哪裡，一股自暴自棄的恨意升起，我騎了腳踏車飛奔而出，憤怒使我失去理智，腳踏車撞在牯嶺街口、南海路的一戶紅色大門上……我太衝動了，家裡窮，我卻成天還想穿著那件皮夾克到街上窮騷包。我這樣在心裡罵著自己。

那時很多咖啡屋，田園、月光、維也納、青龍、天使、東風……招牌上一律標榜「純喫茶」，在臺北蔚為風潮。

事隔多年，回頭想想，什麼「純喫茶」，根本就是「接吻店」嘛！在公開接吻不被接受的年代，這樣的店給了小情侶們隱密的空間。喝茶或者飲咖啡，一點也不重要，重要的是在伸手不見五指的「純喫茶」，情人們可以偎在一起，擁抱在一起。細語、輕吻或熱烈地接吻。

時代不同了，二、三十年之後，臺北再也找不到「純喫茶」的招牌，取而代之的是MTV、KTV以及賓館……那時我們約會，不管是聊天、看電影或散步，最後能以一個吻為收場，便已心滿意足。在藍色的星空下，踏著輕快的步履回家，心田為滿懷的甜蜜。

吾輩文藝青年

在西門町陪伴我度過青少年時期的，還有「文星書店」。在我們的年代裡，只有中山堂，沒有金石堂，如果買書，我們會到重慶南路。衡陽路十五號（近重慶南路一段交叉口），那裡的文星書店正打出預約廣告，梁實秋的《秋室雜文》、黎東方的《平凡的我》、余光中《左手的繆思》、林海音《婚姻的故事》、於黎華的《歸》，不管厚薄，每冊定價一律十四元，預約十元。在那裡賣書的正是蕭孟能先生的前夫人和她的助手，那助手便是後來以一冊《屬於十七歲的》為文壇矚目的小說家季季。

文星書店不久便搬到峨眉街，六〇年代的書店，居然設置了一個頗為現代的櫥窗，裡面散放著一些堆書、一簍雞蛋，還有「播種者胡適」數個大字，以及他的照片。

重慶南路一帶有很多書店，被稱為書街。七〇年代之後，即便與西門町的交集少了，從事出版工作的我，對書街還是有些接觸。

在七〇年代，陳芳明還是一位年輕的詩人，那時我們在一起編《書評書目》雜誌。他的詩集《忘憂草》，借大江的招牌自費出書。詩集出版後，芳明希望放在重慶南路的許多書局寄售，但他生性羞赧，怕遭店員白眼，於是我陪他去，一家家將書布滿。三個月後，應該可以到書店收帳，芳明卻未前往，他說萬一書沒銷出去多不好意思。這麼多年，芳明的書款從未去收過。

另外一件我編《書評書目》時在書街發生的事，和於黎華有關。她到了香港，臺灣當局便決定冷凍她，絕對不准提到她名字，讓曾經讀她小說的人忘掉她。我無意間犯了大忌，幸虧以前的長官幫忙，要我立刻上街把發出去的雜誌，逐本撕去那篇介紹於黎華新書的文章。我和出版社的小弟，沿著重慶南路，向每一個書報攤說明：我是《書評書目》的主編，裡面有一篇文章出了問題，必須撕掉，才能繼續銷售……現在回想起來令人感覺滑稽突梯，然而在當時那一刻，可一點也不滑稽，而是一個令人流淚和害怕的事件。

從童年走來，我已遲暮

我有些記憶與其他老臺北人交疊，但也有不同的部分。忠孝仁愛信義和平……當年的「中華商場」，八棟一式排開的樓房，如今已全拆了，但每次經過中華路特別是「新世界」前面的廣場（如今是捷運出口），誰都會想著過去舊時光裡的「中華商場」。

我記得的，還有中華商場尚未建成時候的事。父親生意失敗後，我們家可説一貧如洗，哥哥到南部當學徒。雖然後來他北上和朋友合夥開一家小小的皮鞋店，仍然只能住在當時還未拆除的中華路鐵道旁違章建築二樓。當年我十六歲，到他住處去看望，都必須彎著腰。他住的閣樓是無法站直的，因為屋頂實在太低了。

我進了軍校以後，哥哥的經濟狀況就一天比一天好轉。第一間皮鞋店經營幾年之後，他又在衡陽路上開了另一家皮鞋店。後來，他終於可以搬離中華路的違建。

離開西門町的生活多年，在年過六旬後，我又到西門町晃盪。少年時代的我，青年時代的我，在西門町不知壓過多少馬路，然而，即使我有心要去回憶，回憶仍然回不來。今天的西門町，已不是我記憶中的西門町。

今日的西門町，更像我去過的日本新宿和原宿，新宿比較色情，原宿比較藝術，西門町在色情和藝術之間擺盪。一波波走過來的男女全是青少年，全是新人類。

人總是懷念過去，我還是喜歡以前的西門町，但比起東區或信義計劃區，我又比較喜歡西門町，西門町多少仍保留了一些我們青少年時期的記憶。

最近偶而仍會逛逛西門町，有一條全是四川菜的巷子，吃一客四川客飯或到紅樓戲院附近清香火鍋店，回憶作家高陽還在世的一切往事。

我老了，西門町仍年輕。

西門町的文學老地圖

重慶南路書街

地址：臺北市重慶南路一段

日據時代，日人為僑民教育，在重慶南路設立「臺灣書籍株式會社」，印製中小學用圖書；光復後「臺灣書籍株式會社」改組為「臺灣書店」，是為昔日省政府教科書總批發所。隨著「臺灣書籍株式會社」設立，揭開書店街首頁，其中東方出版社的前身「新高堂書店」，是為在地龍頭；此後吸引許多大小型書局、出版社、文具行進駐。

光復後，許多從大陸遷來的出版社及書店，選在此復業，例如，專賣古典與近代文學的「世界書局」；在當年，書街的書店多為出版社之圖書門市，藉以和讀者交流。民國五〇至七〇年代，是重慶南路書街全盛時期，陶養出許多名作

家；詩人周夢蝶長年於書街轉角、明星咖啡廳入口賣詩集、與人聊詩，就是一則美麗的人文風景。

隱地、駱以軍兩大不同世代的文學作家，均代表重慶南路書街裡林立的各式書店，在他們的創作生命中，提供了深具影響力的滋養與資源。

明星咖啡屋

地址：臺北市中正區武昌街一段五號二樓

一九四九年，一家俄羅斯風味西餐廳，在武昌街城隍廟斜對面開張了，最初的老店在上海，後來跟隨國民政府來臺。曾經是許多文學作家聚集之地，如白先勇、黃春明、陳映真；亦穿流過陳若曦、林懷民等人，這個文壇明星薈萃的咖啡館，在不斷的商業競爭下，逐漸被世人遺忘，一度於一九八九年歇業，到二〇〇四年才重新開張，走過流逝的時光，目前店裡依舊賣著需要熬煮四天才得一鍋的俄式羅宋湯，裝潢仍保有老房子特有的特色。如果要帶些伴手禮，這裡的「俄羅斯軟糖」、「核桃糕」，都曾是蔣方良女士的最愛。

▲ 重慶南路曾是著名的書街，直到近年才隨著實體書店的勢微而落沒。

▲ 明星咖啡廳裡充滿作家身影，是許多文學作品的發酵地。

電影

老地圖

李立群

與

西門町

臺灣著名舞臺劇、相聲演員、影視演員，知名劇團表演工作坊的創立人之一。橫跨電影、電視、劇場，包括《光陰的故事》、《暗戀桃花源》、《黑皮與白牙》等。近年來活躍於中國大陸拍攝電視劇與電影，西門町是他接觸戲劇和電影的開始，也藏著最青春的回憶。

戲說西門町

李立群：「西門町，任誰都曾經喜歡去，又被淡忘，但是終究又會回來的一個，臺灣人形容不清楚的——浪漫地區。」

一百年前的西門町是很小的，儘管現在人多店多，還是很小，但因為熱鬧，又顯得多元俱足。民國四十六、七年，那時中華商場還沒建呢！我隨大人經過，看到有個賣西瓜的「西瓜大王」，生意極好。不久之後，小孩兒的我，就聽大人說西瓜大王的老闆一夜輸光了家產，活生生一個人間故事，再傳奇也不過。

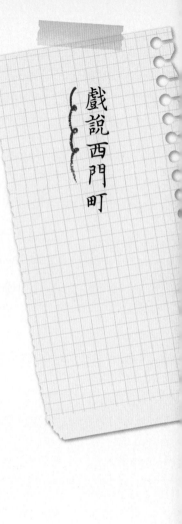

戲院陪著我長大

民國四十九年，當時的圓環有個遠東戲院，是臺北最高級的電影院，隨大人去看電影，在晚上等十九路公車回三張犁，車站旁邊還能抓得到螢火蟲。很快的，西門町出現了一家新生戲院，那年頭，小孩沒錢看電影，在收票口趁著擁擠抓著一位陌生大人的衣角，蹭進戲院，看一場免費電影，是會被原諒的事，連酒後駕車都是一種瀟灑，因為有車就不錯了。

我九歲，三年級，在新生戲院看過《迷魂樓》、《豪勇七蛟龍》、《萬夫莫敵》，都是蹭進去的，感謝幫忙的大人，還有明知故縱的收票員。還記得看《迷魂樓》這部電影，九歲的我被嚇得站起來，本能地往後走，在樓梯走道上，一看，所有觀眾都坐得好好的安靜看著，我又自動坐回去了，又可氣、又可怕、又好笑，一個九歲小孩單獨的感受。

有一年，中華商場已經蓋好多年，生意興隆，地形特別，已經成為去西門町的人，必然順便一逛的地方。大概是四十年前，新生戲院大火，燒死不少沒有逃出的人，火勢之大，對面的中華商場都拚命給自己澆水，我的大姊目睹了那場大火，回家來，腿都還有點軟。

後來中華商場重建，頭幾年還聽人說裡面會碰到「阿飄」，現在應該沒了；也不知道從什麼時候開始，西門町又多了萬國、樂聲、國聲、日新、豪華戲院，國際、紅樓、新世界，大世界算是老的了，還有兒童戲院，裡面還演過話劇，豪華戲院在即將投入西門町電影街前，曾經大力宣傳它的首演片，記得是《長船》，宣傳實在搞太大了，電影看完了，真不記得什麼。

青春戰場西門町

十八、九歲時的學生時代學會逛街，不買光看，很多資訊都是看來的，看過黃牛賣票，看過色情皮條客拉膽小的男人進黑店裡消費，看過三、四十歲的外省軍人，穿便服打架，憲兵一來就跑的神情，看過多少留著西裝頭的男人，帶著穿旗袍、洋裝的女人，從西門町經過。多少人匆忙等著最後一班公車回家。

那年我剛上海專，這學校，也不知道為什麼，老是跟別的學校起糾紛，西門町很自然變成戰場，我都碰過兩次，最大的一次是和開南高工，他們離西門町近，我們還得靠大南巴士，一班一班從士林蘆洲方向往北門運，可是先放學先走的，就必須從北門到西門町，以寡擊眾，且戰且走。我下車的時候，西門町已經充滿了開南高工的學生，綠色的制服，一波一波，革命軍也不過如此吧。海專是從不示弱的，抄起巴士上的掃帚、預先藏好的棍子，由學長帶頭，殺進，殺出，那種威風，真叫一個「年少無知」。

西門國小旁的巷子裡，有個推三輪車賣甜不辣的，海專的學生很多人都把它當作逛西門町的第一餐，它若沒出現，我們都很悵然。同學們在西門町花錢最多的，當然是看電影和坐咖啡廳，到中華商場訂做衣服，買鞋子，或者挑選新上市的袖扣、唱片，在賣刀子和賣銅幣的一些商店徘徊，這棟逛完了，逛那一棟，最後逛到西門町中心地帶，找個地方坐下來，看女生，順便讓人也看看。

繁華一度京劇夢

我算是很不常逛西門町的，要去，多半是去國軍文藝中心，我看京戲，從十六、七歲就開始花錢看戲，把當時臺灣最好的三軍各劇團的演員，從年輕看到中年，再從中年看到退休，就不再去那地方了。傳統戲曲是完全看演員的，精彩的演員不在臺上，觀眾也就散了。

換句話説，今天如果還有像梅蘭芳、余叔岩、金少山、楊小樓、蓋叫天，那樣棒的演員，法國人都會坐飛機來看的，因為精彩。

當年西門町的萬年大樓剛蓋好時，也曾經是一個亮點，人潮擁擠的地方。每一樓的買賣不同，有百貨公司，有中餐、西餐廳，有歌廳，有電影院，每一層樓還有它的名稱，我最最常去的是四樓的「麒麟廳」，專演京戲，票價不貴，還分下午場、晚上場，下午多半為武戲，我愛看，老外也愛看，每位還附送一杯飲料，經常看了一半，一遊覽車的外國人被帶進場，看了二、三十分鐘，又站起來走了，剩下我這種少數死忠武戲的當地觀眾。

當時有一個出身大鵬劇校的演員叫「筱飛雲」張復春（如果我沒寫錯的話），他的功夫就是在麒麟廳每天下午認真而賣力的演出，大有精進，更上層樓。可惜這麼好的演員，後來也凋零了，真感謝他曾經讓我崇拜，讓我體會到什麼叫作「戲臺上等於半個少林」的老話。我覺得奧運的體操選手，動作都沒他好看，沒他過癮。而他還不算武生行檔中的大家。我都迷死了。

現在的年輕人，經常用西門町的街頭，來展示他們的才藝，當隨意亮相而已，真可惜了，要經常去、努力的、盡情的，細水長流的去利用那個地方的人潮，玩出自己的本事，玩出西門町的文化記憶才是。我在西門町有太多太多的成長回憶，那時國軍文藝中心來看戲的觀眾，有張大千、張群、老一輩的許多畫家、名人……文藝中心三樓有個咖啡廳，也常看到一些當年有名的詩人，在聊天、抬槓。

揭開新的一頁

如今，西門町已經從上世紀九〇年代沒落了一陣子，被北市新興起的東區，快速取代了，但是，了不起的是，西門町的商家們，意識到這個問題，群起有組織的反省，思考，試著重新構思、規劃，美化西門町，改變西門町，讓許多好的百貨公司，美麗的小旅館，亮麗的小商店，便捷的交通優勢，廿四小時的生活狀態，漸漸重新打造出一個嶄新的西門町，來迎接一代一代不同的新人類，進去，消費，留下記憶，製造記憶。

西門町的戲劇老地圖

新生戲院／錢櫃中華店

地址：臺北市中華路一段五十五號

一九五五年一月，新生大樓落成，該棟內的新生戲院也在當月開幕，簡潔時髦的流線外觀，吸引了所有人的目光，一九六六年一月十九日，一場舞廳的大火波及新生戲院，二十八人在火場喪生，據說這是戰後臺北市最嚴重的火警，一九六八年，重生之後的新生戲院改名為新聲戲院，但是鬧鬼的傳聞不斷，一九八八年五月祝融再訪，新聲戲院就此劃上句號。如今，新生戲院由錢櫃集團接手變成KTV，儘管如此，新生戲院仍存於臺北人記憶中，最靈異，也最不可抹滅的一頁。

中華商場

地址：原址為中華路一段；已拆除。

中華商場，是許多壯、老年臺北人難忘的回憶之地。源起始於大批軍民隨國民政府遷至臺灣後，原沿著行經中華路的鐵路東側於棚屋而居、營生，但是衍生出許多治安與衛生問題，一九六〇年，中央政府為了整頓市容，決定於該處原地改建新式商場，即為後來之「中華商場」。

「忠孝仁愛信義和平」八座商場建築中，租戶經營的行業各有千秋；並慢慢形成聚落。忠、孝兩棟以販售家用電器、音響與電子零組件為主，後期亦有部分個人電腦軟硬體電家。仁、愛兩棟以廣受遊客喜愛的玉器、珐瑯及臺灣民俗藝品為主，並穿插相命、堪輿店家，販售古董、古玩及字畫的商家，以及郵票、古幣蒐集與交換專門店。信、義、和三棟是以生活需求為主，有各地的小吃，近乎中華商場代名詞的「點心世界」便在此處。此外，和與平兩棟商場，另有成衣、牛仔褲、軍用衣料、老人茶館、旗幟徽章等相關商家，而廉價訂做西服與制服的西服號亦在此。

一九六〇至一九七〇年代，是中華商場的全盛時期。由於鄰近西門町，因此吸引了不少人潮；而在商場落成後數年間，臺灣首間大型百貨——第一百貨公司開幕，加上城中市場、衡陽路與博愛路等傳統商圈，配合周邊多重公車線，交織出當時臺北最繁華的核心商圈。由於商場離臺北車站並不遠；在鐵路尚未地下化的時代，北上的列車必定會經過商場西側的鐵道，因此中華商場與其店家招牌，往往是中南部遊客辨識「臺北」的第一印象。

▲ 中華商場的拆除，是一代人記憶的終結。

國軍文藝中心

地址：臺北市中華路一段六十九號

在老一輩的看國劇記憶中，座落在中華路上的國軍文藝中心是絕對不會被遺忘的地方。建造於一九五七年，時稱「國光戲院」，設備先進，當然有冷氣的劇院沒有幾家，也因此風光一時。一九六五年國光戲院改稱國軍文藝活動中心。大鵬、陸光、海光劇團、明駝國劇隊、復興劇校和飛馬豫劇隊等軍中劇團，經常在此演出。也是京劇等戲曲在臺發展的高峰期。現在國軍文藝中心也不再侷限於戲曲演出。雖然不復往日的光輝與繁華，但曾經燦爛的風華在記憶中是無法抹滅的。

▲ 國軍文藝中心鄰近中山堂，都是西門町重要的地標之一。

▲ 門口總有憲兵站崗的國軍文藝中心，曾是許多傳統戲曲的登臺處。

散步

老地圖

舒國治

與西門町

一九五二年生於臺北，原習電影，後心思移注文學，作品以散文、短篇小說、旅行遊記為主，短篇小說曾獲時報文學獎。七〇年代開始寫作，但成稿不多，不做朝九晚五的工作，所以大半精神專注於生活，獨樹一幟的生活態度，亦有人稱他為「城市的晃遊者」，堪稱是少見的散步大家。在他眼中的西門町，繁華一度，另有不同的風情面貌。

走走看看，舉步皆是生活

錢國治：「西門町是藏著美好回憶的地方。」

我在臺北土生土長，從小對西門町就懷抱了這樣的印象：每兩、三個週末會去看電影，所以對去西門町就會有很高的期待，像是作夢一樣，還可以趁機享受零食。臺北小孩即使不住在西門町，也都跟那裡有一點淵源。

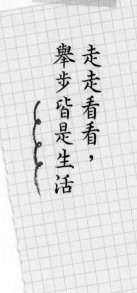

我對西門町特別熟悉的時期，是讀高中、大學的時候。當年可不比現在，小學畢業後得經由考試分發學校。所以同學多來自各地，不像現在你在東區就是念東區的小學、初中，我們那時候的同學有的住在西門町，有的在大稻埕，也有非常郊外的。

我接觸西門町的時候，年紀還太小，才是初中的學生而已，比我年長幾歲的人可能會去野人咖啡屋或是天才咖啡屋這兩個地方。有的人會覺得那裡是西門町最有波希米亞味道的地方，畫家席德進就常去野人咖啡屋。而我是在進入高中與大學後，才對西門町比較熟悉，因為那時候的西門町，是臺北比較能夠遊樂的地方。

二十多歲時，我比較常去西門町看試片，那兒也有很多電影公司，有很多電影人常在西門町聚會，很多西門町喝咖啡的地方，成了他們坐下來聊事情的地點。但那些咖啡店在當年根本就不是合法建築，所以後來也就消失了。

註解歷史，極其繁華的荒蕪之地

那時西門町附近的火車軌道週邊有很多違章建築，後來漸漸變成了依附於西門町的戰後老兵們，或者是被社會拋棄的都市邊緣人生存的地方。當西門町開了第一家麥當勞，附近出沒的怪叔叔，其中有部分就是這些人。現在這些他人口中的怪叔叔最喜歡去兩個咖啡館，一個是蜂大，另一個就是南美，剛好都在隔壁，蜂大與南美的咖啡還不錯，這樣的商店就是都市生活、有點年歲的商業區才有能力培養的好地方。

有趣的是，這兩家歷史悠久的咖啡館，有時會見到年紀很大的老人，和一些有風塵味的老阿姨坐在一起聊天。流鶯與老兵的恩怨情仇上演許久，而結局大抵不脫流鶯與老兵分手後，老兵就在電線桿上面貼一張像信一樣內容的條子，拚了老命似地咒罵對方。也有些人用退伍金捧紅包場的歌星，只是紅包場早已不是黃金歲月，這二十年來更是愈來愈少。我後來也不大去西門町了。

看到這個，就覺得人世間有好多人的遷徙流離是多麼不堪。流鶯不願意將她的一生託付給一個糟老頭。而這些老人的歲月已經過去了，但是他們還是依附著西門町繼續混日子生活下去，他們不會離開西門町，因為那裡最不會讓他們感覺寂寞，這也是西門町繁華喧鬧之外，十分荒蕪頹敗的一面。

吃喝玩樂的西門町，味蕾小旅行

然而，不管怎樣過日子，填飽肚子是必要的。說到美食，有一些西門町有趣的店家，譬如說成都路上專賣刨冰的「白光冰果店」，靠近現在臺北牛乳大王的位置，如今已經不在了；另外就是昆明街附近的巷子裡，那是「川菜客飯一條街」，例如黔園等那一類的店，以前六〇年代如電影人白景瑞就常去那裡，飯菜的口味比較濃郁，也算好吃又經濟實惠，菜色包括了宮保雞丁、蝦仁烘蛋、螞蟻上樹等。

另外就是中華商場的「點心世界」，主要是麵食、蒸籠式的，一般家庭吃不到的點心。還有鍋貼、綠豆稀飯跟酸辣湯。店內的桌子都是四方桌，擺設和窗子至今不曾改變；夏天有「西瓜大王」，攤販們的西瓜堆得像山一樣高，切出來的西瓜片果肉通紅、沙沙亮亮的。老闆高舉西瓜刀，趴地一聲刀落，一下子就切出幾百片，大家拿著吃，吃剩的皮就豪邁地丟地上，然後再用水沖一沖手，彷彿西瓜嘉年華。明明在家裡吃也一樣好吃啊，但在那邊吃特別有味。後來西門町西瓜大王休業後，幾個西瓜攤移到郵政醫院附近的南昌街。

至於許多人念念不忘，將日本料理臺灣食堂化的美觀園，則是跳脫了本省或外省式的「土」，像生菜絲沙拉，有自創風格。以前去吃的時候，豬排快餐味道也還不錯。

玩的部分，我挺喜歡逛中華商場的唱片行。沿著騎樓經過，一下子就可以聽見好多首不同的流行歌曲。我還記得，正對著錢櫃的中華商場信棟的樓下都是唱片行，以西洋歌曲最多。往南的義棟樓下有一家金門唱片行是賣戲曲類、國語老歌，以及一些禁歌。印象中，那間唱片行還販售專做平劇唱片的女王唱片公司的音樂。另外，最有印象的就是米高梅唱片行、哥倫比亞唱片行，再來就有一家新新唱片行，位置大約正對著中山堂。

做為一個愛好文藝的青年，除了看小說、電影外，我覺得平劇也挺有意思的，因為平劇是中國的一種歌劇，有戲的結構，有的還帶著舞蹈化的武打動作，所以會覺得看平劇表演也是西門町很重要的娛樂。但是現在那裡已經很久沒演出平劇了。

中華商場，老臺北的商業重心

中華商場於一九六一年落成啟用，成為西門町新的生活區域，那裡有很多有趣的人群，而中華商場的作用，在於以新式的樓房，盤整出略具規模的商業型式，讓西門町做城市轉型，從破落中重整，並且容納了許多孤苦無依的人。那時候信棟二樓有老人的「清茶館」，喝茶的價格不貴，大家坐在裡頭弄一杯茶，然後可以聊天、下棋，抬頭看牆上的黑白電視。另外有很多手藝，例如裁縫、染布商、修皮鞋、修皮箱或訂做錦旗勳章、裝古董的錦盒師傅等人開店，各行各業的人聚集在那裡，使中華商場產生了一種很豐富的生活韻味。

當年讓我真正欣賞西門町的地方，在於此地的節目好，有娛樂內容，而且確實有種離開學校到那邊去，可以得到很多樂趣的感覺，去那邊玩的人多，夠熱鬧，東西還能吃。以前常聽到小學生逃學就跑到西門町晃。

我還記得很多人是在西門町長大的，如李國修就是在中華路、長沙街口的「理教總公所」（前身為西本願寺）長大的。蔣公逝世當天的午後，一場大火燒掉了理教總公所，留下的建築體成了遺址，遺址後方是一小片違章建築，裡頭住著當初隨政府遷臺逃難的人，等候分配房子的他們不耐久等，乾脆就地搭起違建住了起來。

基本上，西門町的建築是很凌亂的，過去確實有一些老建築，也就是日據時期的建築，巷弄蠻像日本城市的格局，做得比較小、比較擠，巷弄間也沒有曲徑通幽。我以為，就目前來說，西門町本身在臺北的地位已經雜亂無章，不再是當年令人感覺生氣興旺與風華絕代的時候。所以才總有人希望把西門町重新拉皮，讓西門町能夠再光亮一點、帥氣一點，讓聚集的人再文雅一點，不再是無家可歸之人的最後選擇。

西門町的女婿，感嘆風華暮遲

說起來，我跟西門町還有另一段淵源。我太太是西門町人，我也常去岳父岳母家吃飯。因此，到西門町走動也成了我生活中的一部分。另外，我喜歡看電影，會選擇去可以容納一、兩千人的大廳戲院看好萊塢片，像是國賓、日新或樂聲，看起電影來很過癮。看電影之前會在西門町散步，四處走走。我比較喜歡在白天逛，比較沒那麼擠。我常常從開封街沿著福星國小走，可以看見一點西門町某些時期的模樣，然後到了西寧南路往南走，過了貴陽街到臺北法華寺，該寺的味道有點像京都小廟，算是臺北碩果僅存的此類廟宇。

如果要講西門町哪一條路最有風情，我認為是西寧南路。西寧南路在日據時代的後期，可說是西門町的主街，跟其交叉的峨眉街及成都路一帶都是西門町鬧區的中心。以前在西寧南路上的部分日本房舍還有小院子，雖然說是樓房，卻像是日本京都的「町家」，就是商業樓的意思。因狹長的形狀又稱鰻魚屋，中間留一點點天井做為空氣流通，就像我們看鹿港閩式風格的房屋。

不過，現在要在西門町散步有點難了，因為該地的商業內容太特殊、人潮太擁擠、音樂太吵、甚至也有點髒亂，若當自己是觀光客倒還好，都擠了幾十年，也夠了。

對於西門町，我認為，西門町是一個很美的回憶。西門町就像曾經最紅的歌星，不過眼角的皺紋已藏不住。

西門町的散步老地圖

蜂大咖啡

地址：臺北市萬華區成都路四十二號

民國四十五年，蜂大老闆在西門町開起了咖啡店，到現在已陪伴臺灣咖啡文化快半世紀。走進蜂大咖啡館，四周都是當時藝術家所創造的銅畫，畫上是咖啡的製作過程，就像是走進文藝電影的場景。儘管現在滿街都是三十五元咖啡，但蜂大仍維持傳統經營形態，可以喝到專業、又香的虹吸式咖啡，建立了不少死忠的咖啡客。民國五〇年代，公務人員月薪才一百元，喝一杯咖啡就兩元，喝的人並不多，當時，上門喝咖啡者以僑生居多，而美軍顧問團也很愛。過去咖啡店屬交際場所，或是顧客逛街累了，歇息時進來坐喝一杯，現在則多是專門為了咖啡而上門喝一杯的人。

▲ 蜂大咖啡店面不大，卻經常人潮如織。

▲ 除了咖啡，核桃酥等點心也是
蜂大的招牌餐食。

理教總公所

地址：臺北市萬華區中華路一段一七六—二四三號／萬華四〇六號廣場

日治時期即為「新起町」，後來被日本真宗本願寺派開教使決定作為寺院的預定地，也就是現在萬華四〇六號廣場的所在地。

一九〇四年，由臺灣信徒與日本人共同興建「日本西本願寺」，一九一二年完工，這是臺灣寺廟最大之古廟建築。一九四九年，退役官兵及軍團眷屬，在該地搭建今日的「中華新村」，臺灣光復後，又成為理教總公所傳播宗教信仰的所在，一九七五年四月發生火災，寺院被燒毀，如今只殘留紅磚，以及一些未燒掉的木頭結構。

▼ 人群再年輕，西門町的滄桑仍不時從年代感的建築透出來。

臺北法華寺

地址：臺北市萬華區西寧南路一九四號

從西寧南路往南走，可以看到法華寺，味道有點像京都小廟，算是臺北碩果僅存的此類廟宇。日治時期屬「八甲町」，為一座典型日治時期的古寺院。當時的殖民政府崇尚禮佛，推動官祀神社與私祭佛寺，同時有藉宗教強化殖民控制的意圖，這是日蓮宗最早隨日軍來臺的布教師，布教對象僅及日籍軍人、教師、官員等少數對象，全盛時期，信眾一度多達五千人，是臺灣現存最古老的日本佛堂。

▲ 法華寺是臺灣難得一見的全日式風格佛堂，彷彿日據時代的踏痕。

參道旁的百度石，昭和十三年立。生病的人來到此寺院，經由住持法師或布教師帶領，雙手合十繞走石碑一百零八次，並唸密宗佛號「嘛呢囉呢吽」一百零八遍，傳說病痛很快就會痊癒，這種有日本傳統靈療的寺院，在臺灣相當罕見。

鳳凰大歌廳（紅包場）

地址：臺北市萬華區西寧南路一五七、一五九號五樓

紅包場起源於一九六〇年代，模仿上海歌廳形式設立，歌手衣著華美，與臺下互動熱絡，但，最早並無「紅包場」的稱呼，因為後來有聽眾為了鼓勵自己喜愛的歌手，會直接將金錢包在紅包袋中，上前獻給演出中的歌手，故得其名。早期紅包場演唱的曲目多是一九二〇至一九五〇年代上海的流行歌曲，聽眾也多屬於年紀較長的老兵。但隨著時代的演變和聽眾的轉變，曲目後期也由上海時期轉為一九五〇至一九七〇年代在臺灣、香港等地流行的歌曲。歌手的舞臺肢體動作也較以往活潑，近期更有臺語、日語歌加入。這裡原為經營了二十年的國際大歌廳，在二〇〇六年更名為鳳凰大歌廳，是為數不多仍有營業的紅包場。

▲ 鳳凰大歌廳的入口，簡直像時間隧道，通往瀰漫老音符的一代風華。

▲ 紅包場就像臺客，庶民風格再升一級，即成文化。

美食

老地圖

張國立

輔大日語系畢業，曾任《時報周刊》總編輯。得過國內各大文學獎項，文筆可詼諧亦可正經，文學、軍事、歷史、劇本、遊記……等各類題材無一不寫，也無一不精。懂吃也愛吃，美其名是「老饕」，白話文就是「貪吃鬼」。西門町在他心中，不僅有美味小食，也是他許多筆下故事的背景地。

舌間上的西門町

張國立：「過去的西門町對我們而言，是根、是靈魂。」

西門町是起點。

高二時仿效嬉皮，必須穿繃得老二能長濕疹的AB牛仔褲，必須能彈著吉他唱〈The House of the Rising Sun〉，必須上彈子房刁記分小姐，必須——對，一切必須發生在，西門町。

首先要到日新戲院巷口，昆明街上的青蘋果西餐廳去頂禮膜拜。按照警察局的嚴格要求，這裡不賣酒，不賣香菸，可是不反對我們喝著檸檬汁抽菸，更不禁止我們和小馬子嘴貼嘴、胸貼胸坐在高背藤椅裡，嗯，聊天。

店門口坐了個退伍老兵，他每隔一陣子就喊：

「我××你××馬滴爸，我×××××！」

大家都瞭，條子來了。

青蘋果裡面沒有燈光，只有桌上的蠟燭；這裡沒人駐唱，只有一個長髮到肩膀的大學生在間玻璃屋裡放唱片。每次進店都會先敲那扇玻璃說：

「大學生，來哈根草。」

那位後來稱為DJ唱片員就兩個耳朵後各夾一根菸，口袋內裝十幾根菸，嘴角銜住的菸則菸灰能長到呈橫擺的J形。估計他在那間毒氣室內，四十歲前必定肺氣腫。

喔，請小心走路，很多人不喜歡坐藤椅，寧可窩在地上，可以聞到強力膠的味道，可以聞到晴光市場賣的劣質香水味道，當然，還有一屋子的菸味。

從青蘋果出來要先喘十二口氣，你們不知道那時臺北的空氣多好。斜對面是日新戲院，正在放映克林．伊斯威利的《黃昏三鏢客》，多他媽酷的片名。不過沒馬子，進戲院多遜。還是轉到如今真善美後面的小巷子打賓果機。它和Pinball不同，雖同樣得把彈子打進檯子裡，卻可以搖，要搖得恰到好處，否則就掛點，得重新投錢再來一次。一旦五顆珠子搖成一條線，看店的老五就垮張臉數菸給我們，一五一十，靠，贏了二十根菸除了加速得肺癌之外，有什麼意義？有，賣給隔壁巷子擺菸攤的老吳，公賣局賣一根兩元，我們賣他一根五毛。

進西門町還真得有馬子才行，不然很沒面子。小馬子也瞭，她們把學生短髮的一角硬捲成倒勾狀，嚼著口香糖走在我右邊。

「喝檸檬汁去？」我問。

她搖頭晃腦繼續嚼口香糖。

「看電影？」

她仍搖著頭還嚼口香糖。

古今做個比較，現在的小美眉太遜，頭上戴對大耳機走進西門町竟然不會搖也不會晃，我那時代的馬子沒耳機都能麥可．傑克遜。

約馬子在萬國戲院（真善美後面，現在那裡有家很大的紅磚7-ELEVEN）前見，過程大致上是：吃碗甜不辣、在黑巷子裡打個啵、進青蘋果趁黑架摸福壽、到長沙街找家小旅社——下棋？

很多人的第一次是在那裡發生的，小旅社很便宜，我和三個同學坐在旅社門前抽菸打屁等小白。小白帶著馬子進旅社，大約五分鐘後（包括前戲與事後清洗），見小白很得意的先出來，後面跟著穿軍訓制服的小馬子，她低頭右手扭左手，我們什麼也不敢多廢屁，此時小白會喊：

「吃冰去。」

冰店賣三十二種冰，我們只吃清冰，就是一盤冰上澆了杓紅色或藍色的糖水，對面彈子房內傳來某個人覺沒睡好的歌聲，他叫巴布．狄倫，永遠沒醒過，至少唱歌的時候沒醒過。邊吃冰邊挑雜誌，無論什麼時候總有個操廣東口音的大叔揹著一個大袋子，裝滿我們夢想的雜誌，像絕對色情文學化的「小本」、像沒向新聞登記立案的NBA中文版月刊、像國安局會把我們抓進招待所偵訊的魯迅或巴金小說集、像已過期三年的美國版《Playboy》。我們迫切需要知識，尤其外來的資訊。就那天吃完冰後，大頭很嚴肅地對我說：

「操，阿呆，我以後非去美國念書不可。」

我把盤子內化成水的冰全倒進喉嚨後才回他：

「寶寶，你他媽去美國就為了看當期的《Playboy》？」

插一句話，寶寶後來念了博士，並連著好幾年把《Playboy》的拉頁美女撕下來寄給我。美國真好。

西門町是我們的逗點

為了美國，我們先後都考進大學，照樣，西門町，它是我們的，逗點。

從晴光市場買的牛仔褲不能馬上穿，先送到中華商場修改，改得更窄更緊老二更長痱子，改得更破更爛加三塊補丁。我們能留頭髮了，散到肩頭是狀況一，綁成辮子就狀況二，梳成兩個馬尾則狀況三，有些白痴也繼續理三分頭，那叫狀況外。

我們長大了，進戲院去看電影太遜，我們得找間試片室租片子來放映，有小津安二郎的，楚浮的，最難忘的一次是租了《深喉嚨》，只能坐二十個人的試片室內擠了起碼八十人，溫度高到攝氏五十度，觀眾全張口結舌，口水流得能造成土石流。自認我那代的大學生比較「跳」，一起看電影一起討論，寫的影評有介紹有評論甚至有新詩，大家湊點錢油印成冊在校園裡賣，中文系的小娟就這麼成了我們的訂戶，也拉著我的手說：

「阿呆，你以後真要去美國念電影喔。」

坐在賽門甜不辣（已改名為賽門鄧普拉）裡吃甜不辣，我對她說，妳瞭這家店為什麼叫賽門嗎？因為老闆太愛美國電視影集裡那個叫賽門的「聖人」間諜，乾脆店名就叫賽門。（後來改拍成方・基墨主演的電影《神鬼至尊》。）

「真的唷，阿呆，你好棒，什麼都知道。」她說，「你想去南加大還是紐約？」

我我，我這輩子只能待在西大，西門町電影大學。

中文系小娟迷戀我大約三星期，她是少數立即看穿我豐富內涵並懸崖勒馬的英明女子，在這裡，讓我們一起崇拜她，一起敬愛她，一起歌頌她。用那時最紅的杜比兄弟合唱團（Doobei Brothers）的歌，Jesus just alright with me, Jesus just alright with me。我真的，very very alright。

西門町大飯店

大學是我們最艱苦的歲月，一個學期的學費要六千元，我老媽一個月薪水才六千，打工吧。即使如此我們仍每天處於半飢餓狀態，一個月只有九天能吃飽，我發薪水後的那三天、韓國僑生阿宏他老媽寄錢來的那三天、屁蛋那夥辦舞會拜託我們找馬子的那三天。

有錢吃飯得去西門町，康定路二十五巷的川菜一條街，不少退伍的空軍老兵在這裡蓋違章建築搞起小餐館，如今的「黔園」就是我們嗑飯的好地方。那時賣的是客飯，就是點一道菜（約二十元），白飯和湯隨便吃喝。三個同學就有三道菜，豆乾肉絲、魚香肉絲、麻婆豆腐，提醒老闆，要辣，非常辣。第一碗飯配菜，第二碗配盤裡剩下的湯汁，第三碗配不要錢的湯，第四碗配桌上免費的辣椒醬，第五碗配配配，配廚房裡傳出來的香辣味。

老闆操著四川口音走來桌邊問：

「都吃飽了吧，你們要是還沒吃飽，我趁早收了店免得被吃垮。」

月底大家最高興，一定喝高粱，坐上三重客運一路吐回新莊的輔大宿舍。

回到馬子，回到逛西門町不能沒有馬子的基本理論，成都路上有兩家相鄰的咖啡店，我們喜歡「南美咖啡」，日本來的原土洋教授老帶我們去，他愛虹吸式 Syphon 煮的，我喝了兩回便領德文系的小女朋友去，她眨著眼聽我屁咖啡的歷史，連我牽她的手都沒留意。她這麼說：

「你們日文系都喝這種咖啡？」

不，我們只有刁馬子時才喝這種咖啡。

當我服役退伍回來，她請我去西門町吃鐵板牛排，呼呼，牛肉片在鐵片上滋滋叫，她低頭切著牛排順便唸起祭前男友文：

「阿呆，我下星期要去新加坡。」

新加坡？吃海南雞飯？

「我男朋友是新加坡人，他上個月向我求婚。」

那時我耳內忽然響起劉文正的歌：

三月裡的小雨，淅瀝瀝瀝瀝瀝，淅瀝瀝瀝下個不停。

沒關係，我們常對自己說，這世界上什麼都不多，就馬子多，聽說她們和男人一樣多，不是嘛？

又把了管劍潭某校的馬子，當然約在西門町，我在電話裡這麼對她說：

「西門町真善美前見。」

那棟樓明明有兩家電影院，都是中影的，新世界和真善美，但我們總得說真善美，比較有氣質。

她穿著白襯衫和黑短裙邁著小碎步走來，那時我在抽菸，看著一旁七八個人圍著小攤子賭撲克牌，三張蒙提，就是三張撲克牌由莊家擺來擺去，圍觀者下注賭其中一張是紅心A。她拍我的肩膀：

「張國立，我們去哪裡？」

開玩笑，這裡是西門町，還有哪裡好去。

去吃大車輪還是美觀園？女生都喜歡大車輪，看著一列小火車在吧檯上轉呀轉，上面有豆皮壽司、蝦壽司、蛋捲壽司，還有我一腔不知往何處發洩的感情。那時我已在一家日商工作，還記得，日商阪田商會臺北分公司，看起來我應該是日本料理專家？吃，從大車輪吃到清月（臺北市政府評選的百年老店之一，三年前已歇業），說實在的，我最愛的是美觀園的蛋包飯，不過女生不愛大盤飯，她們吃情調。

她是我早期（或早年）最喜歡的女孩，我們能用同一把吉他，我按弦她撥弦一起唱〈All I Have to Do Is Dream〉。也曾在日新戲院看《火燒摩天樓》，中途她說她那個來了，而且沒有準備，幸好一名售票姐姐借了她相關設備與一條裙子。還在天后宮一起拜拜，事後才知道她祈求的是順利去美國念書，我祈求的則是日本來的東尾老闆年底加我薪。

從逗點走到句點

是的，句點也在西門町。

她的祈求靈驗，我的沒靈驗，年底換工作到空運公司當業務員。她在長沙街某家小旅社裡哭著對我說，對不起，她要去美國念書了。

瞭，我瞭得很，美國有黃金，美國有美鈔，美國還有他媽的寶寶不再寄給我的《Playboy》。

那晚我們在西門町裡一直走路，走了很久很久，她也一直哭，不懂她有什麼好哭的，是捨不得我，還是根本捨不得西門町？

Dream Dream Dream, when I feel blue……

我不 blue，我 yellow，昏黃一片。

那年我寫了一個中篇小說，刊登在臺灣大學的《中外文學》上，寫的就是西門町的頹發與衰敗。故事設定在二〇〇〇年，那時西門町已是廢墟，政府要拆除重建，許多年輕人走上街頭抗議。當然，真到了二〇〇〇年西門町依然存在，它是永恆的，是另一世代的起點，某個世代的逗點，即使我這代的四年級，仍會偶而走進去，懷念當年那顆句點。

請不要懷疑，坐在人行步道矮水泥柱上的白髮阿北的確就是我，某個老師曾經叫我常去西門町，坐著看每個經過的人，他說每個人都是一個獨特的星球，仔細看，用心去想像，這是寫小說最基本的馬步功夫。如今我仍會去，繼續坐著，觀賞那流竄在每個小巷裡的閃亮銀河。

呃，老婆來了，今天答應請她吃大車輪，再去吃碗冰——如果我堅持要吃清冰，老闆會賣給我嗎？老婆一巴掌拍在我後腦勺：

「在這裡看年輕美眉，你不怕被抓進警察局！」

西門町千真萬確是我的，句點。

西門町的美食老地圖

川菜一條街

地址：康定路二十五巷／誠品西門店臨昆明街對面之巷子

由於臺灣受日本人統治，以及國共內亂的影響，西門町的飲食文化呈現出多元的風貌。民國五十八到七十四年間，川菜紅極一時，在邁入民國八十年後逐漸式微，即便如此，在康定路二十五巷，仍保有多家川菜餐廳，成為著名的川菜街。

六、七〇年代白景瑞等電影圈人士，都是這裡的座上佳賓，街巷內雲集著五十年老店，吸引了不少外省來臺的榮民來此一解鄉愁。全盛時期，曾多達十數家，而在時代變遷及潮流洗滌之下，也只剩下數間如黔園、我家、小成都、真川味老店等一批四川風味的店家能生存了。

▲ 什麼是「真」與「正宗」？唯一的準則經常是舌尖主觀。

美觀園

地址：峨眉街三十六號（本店）／峨眉街四十七號

美觀園創始人在一九四六年創業，於臺北城內草創「美觀食堂」，不久又遷移至西門町圜環鐵路旁，改為「美觀園」，一九五七年搬到峨眉街三十六號，擴大經營，現在在西門町已達半世紀之久，一九九九年，美觀園一分為二，目前已由第三代接手。

美觀園的烹調承襲老師傅的做法，價格也相當平價，菜單上依然保留著當年第一代開店時就有的餐點，保留著濃濃的懷舊氣息。來往的食客早已破數千萬，是許多臺北人的美好回憶。

大車輪

地址：臺北市西門町峨眉街五十三號／臺北市萬華區漢中街一三一號

位在西門人行徒步區內的大車輪日本料理，是

▲ 無論西門町怎麼變，美觀園永遠都在。

▲ 大車輪的迴轉壽司火車，可能是全臺的第一輛。

許多六年級生的回憶。創立於一九七六年，當初很多人會進來光顧的原因，一是店中的氣氛，二是被火車迴轉壽司吸引目光，就連招牌也是一輛火車。早在迴轉壽司尚未引進臺灣的那個年代，想吃迴轉壽司唯有來西門町的大車輪日本料理。搭配火車與壽司，美味與趣味的組合，現在想要再吃大車輪，不單單只是它的新鮮料理，還有感受那濃濃的懷舊氣息。

賽門甜不辣（賽門鄧普拉）

地址：臺北市開封街二段四十六號

臺灣第一家甜不辣專門店，「賽門甜不辣」成立於一九五〇年，位於福星國小對面，當初以打彈珠與射飛鏢的有趣方式，來換取甜不辣，不但手法逗趣，其口味更是深獲大眾喜愛，許多人一吃就是數十年，不僅抓住了許多老顧客的胃，同時也帶入了新的顧客。民國六〇年代，電視曾播出一部《七海遊龍》，主角賽門·鄧普拉是當初開張新店諧音的由來，不

▲ 能夠被收進旅遊導覽書的甜不辣店，賽門的魅力可見一斑。

論是食物或是名字，都帶給人們濃濃的懷舊氣息。而在店家第二代，由於兄弟分家的關係，「賽門甜不辣」由哥哥註冊，弟弟則命名「賽門鄧普拉」，並建立品牌。無論如何，賽門的甜不辣和獨特的醬汁，已深植民心。

南美咖啡

地址：臺北市成都路四十四號

在成都路的南美咖啡原以麵包店起家，一九五九年，王振富先生和妻子透過友人介紹，評估咖啡具有市場潛力，因而投入。從一九六〇到一九七〇年的十年間，南美咖啡幾乎可以說是用苦撐形容。直到一九七〇年代，大家對於外來文化的接受度普遍提高，咖啡也因而盛行。南美店內咖啡豆都是自家調配烘焙，口口香醇，讓人回味，現在由第二代經營，其店面的老舊氣氛或許不如時下咖啡廳的空間設計，但這樣的店反而令人興味盎然。

▲ 南美咖啡和蜂大齊名，櫥窗設計也是當年的潮流之一。

時尚

老地圖

溫慶珠

與西門町

專業設計師，充滿著對藝術及服裝的熱愛，加上對美感保持高度靈敏的觀察與要求，在流行時尚領域建立了卓越的成就。有著文學家族背景，以及經驗東西方融合的成長環境與文化，喪她具有強烈的衝突美學性格，而西門町也藏著她繁花似錦，美好的少女回憶。

西門町，我的時髦重鎮，我的避難所

溫慶珠：「對於西門町的記憶，就屬對一些老店們的記憶最深。這些老店意在很神奇，它們一直在我的腦海裡，從來沒有消失過；因為那段時間是我和父母最親近的時代，也是我一輩子感到最珍貴的時光。」

我和西門町之間感情最為深厚的時間，大概是三十年前，也就是讀書的時代，從國中到大專，那段日子差不多是我十五到十七歲的時候，也就是西門町七〇年代底，八〇年代初的時候。

那時，最常跟父母親一起去的，就是「北歐西餐」和「凱莉西餐」，那兩家西餐廳是我們全家每週都一定要去聚餐的地方。我們家是一個很洋派的家庭，雖然我父親任職警界，是一個很嚴肅、很嚴厲的人，但他一直屬於洋派又美式的個性，所以那個時候，他總是很喜歡帶著我們全家五個人，包括媽媽、姊姊、弟弟、我，和他，一起到西餐廳體會美式的生活。

除了吃西餐是我們每週必定有的節目外，我父母還特別喜歡一家冰淇淋店叫「白熊冰淇淋」。對於「白熊冰淇淋」所做出來的冰淇淋，我想我只能用「不可思議」這四個字來形容，他們有一整套做冰淇淋的機器，什麼冰櫃啊、攪拌器啊，都有。他們最棒的就是能做出充滿牛奶風味的 ice cream，最令人傾心的是裡面還有楓漿核桃，真是令我愛不釋口；還有另一個叫「三色冰磚」，好吃到令我們全家無可自拔，現在想起還依然無限神往。那個時候，我們總是期待週末，父親帶著我們去吃西餐，然後再到白熊冰淇淋店吃冰淇淋。

遇見金園排骨，我的十八歲生日

我還記得十八歲生日那天，爸爸媽媽問我有沒有什麼生日願望，我跟他們說，我想去吃金園排骨，那是我一直很喜歡吃的一家美食店，由於家裡有廚師，我平常幾乎都不外食，下課放學後，就乖乖回家吃飯。那時家裡也有管家，想要出門閒逛一下都比登天還難，所以那天我許了這個願望，希望能夠出門吃小吃。那對當時的我是一件「很厲害」的事情，真的好「稀罕」！

當時的西門町，只看得見一群小孩子，很少見著大人，我爸媽雖然美式，但還是脫離不了那個年代比較正式、保守的個性。在我那個年代，大人、長輩們是不去西門町的，西門町都是給年輕少男少女和孩子們遊玩溜達的地方。

不過那天我父母真的很絕，他們真的陪著我到金園排骨，而且兩個人還打扮得很正式，我爸爸西裝筆挺，媽媽則是穿著一襲美麗的洋裝，他們真的就陪著我坐在破破的攤位上，吃了一頓我夢寐以求的排骨，也是我十八歲的生日禮物。那張破破爛爛的板凳，有著我和父母親永恆的回憶，我到現在都還記憶猶新。

提到我生日那天，在金園排骨之前，我父母還帶我到在戲院街，大約在豪華戲院那一帶，那邊有一個轉角店，至於店名叫什麼名字，我早就忘了。

那天，他們幫我買了一件米白色的人造皮草大衣，有著蓬蓬的帽子，衣長及膝，實在是美麗得讓我快窒息，衣間有一條好長好美的長拉鍊，真是漂亮！印象中，那件大衣好貴好貴，那個時候買起來，約莫就要一萬塊了，因為是進口的，那個年代很流行「舶來品」。

穿著那件米白色的人造皮草大衣，挽著爸媽的手，吃著金園排骨；那就是我的十八歲生日。

西門町，時尚與我

如果談到西門町與我年輕時 Fashion 的關係，我不得不說，西門町有一家 fashion 店叫「哈德門」（HATAMEN），就在西門町的那個大圓環，走進去，還不到廟的前幾家店，就叫「哈德門」，這家店賣好多好多Cowboy 的帽子，還有 Seventy Hippie（嬉皮風）的包包。有著長長鬚鬚的Hippie 包包一個要價好幾千塊，我都要存錢存個半年，然後再跑去買一個包包來揹。

每個包包都是真皮，從麂皮到牛皮，長長的鬚鬚再加上漂亮立體的雕花，價格真的是貴得嚇死人，但這些包包幾乎都是我那時生命的全部。它們就像我人生巧遇的創作靈感，這些靈感通常可以從一段旅行、遇見一個人、從一幅畫裡頭感受到所謂的「美」，這些包包，對我而言就是當時的美麗泉源。

西門町對我來說，並不是一個對美學持續產生影響的地方，但絕對是展開我時髦生活的起點。那時的時髦對我而言，就是必須要在西門町混，要在西門町吃西餐、吃冰淇淋、跟同學在街上閒晃、努力存錢買舶來品。就是一定要做這些事情，過過這樣的生活，才真的算趕得上流行。

除了青少年的記憶，其實在我很小的時候，我媽媽就已經很懂得「趕時髦」。那時她曾經在西門町的一家「孔雀童裝」幫我買了一件紗衣，那裡的衣服全部都是美國進口的。所以，西門町對於我們的過去，就像現在東區對於新一代的年輕人，是不可分離的；西門町就是我們當時年輕人的「時髦重鎮」。

那時，我一個禮拜至少要逛三天到五天。每逢農曆新年，西門町更是格外熱鬧，我還記得有一年，我交了一個男朋友，小白，他是一個很特立獨行的人，長鬈髮到肩下。

那天他穿了一件大衣，正面是洗過的牛仔料，裡面是人工皮草，有著一頂大帽子，帽子裡也都是人造皮草，外套過膝約八分長；那天我穿了我媽媽的人造皮草，淺咖啡色的，全長拖到地上的大衣！那個時候絕對不會有人在西門町這麼穿，我就拿著哈德門的長鬚包包，蹬著我超級高的厚底涼鞋，和男友一起在西門町 Show off，去表演。

我們走在路上，開心地手舞足蹈，一路上還不斷地碰到同學、朋友，那個時候的他們，人人都穿得好漂亮，那真的是一個很過癮的時代，瘋狂打扮都還來不及，哪有什麼現在所謂的低調可言，反正那個時候電影明星怎麼打扮，我們就照樣打扮。

看電影的日子

讓我至今仍然很難忘的就是「豪華戲院」。那個時候，假日時十幾個朋友，一起到豪華戲院看電影，實在是一件很「豪華」的活動！

還有另一個戲院叫「國賓戲院」，國賓戲院門口那時也是永遠都擠滿了認識的人，都是同學。回想起當年「看電影」的故事，我最常做的一件事就是一次帶個三到五個女生，走到電影院門口，那時一定會碰到認識自己的「傻」男生，所以那個時候我們都是叫男生買票就好，自己不用買，女生只要負責到戲院門口晃一晃就會遇到認識的男生，打聲招呼，就會有人幫忙買票。那個時代的西門町真的好恐怖，走在路上的人，幾乎每個人都彼此熟識，我也是常走在路上碰到同學、朋友。就是這種生活，實在好過癮！

我很喜歡看電影，不過我剛開始看電影時並不是跟我同學朋友一起，最初和我一起走入電影世界的人，是我的母親。母親是一個超級電影大王（她是個很會畫畫的家庭主婦），我就是跟著她一起看這些很老的、偉大的美國演員長大的；媽媽很喜歡和我一起逛西門町，有一回還把我拖進「天后宮」裡算命，至於結論是什麼真的記不清了，我只記得算命仙要我媽媽不要太早把我嫁掉，同時也預言了我是個藝術家。

後來長大點，大概是我跟小白交往的年代，那時比較迷歐洲電影，幾乎所有好看的歐洲電影都在「真善美」電影院。我還記得有一部電影，叫《巫山雲》，女主角伊莎貝．艾珍妮真的是太美麗了，從那一部電影開始，我就為歐洲這種神祕又詭異的電影氣氛深深著迷，就這麼硬是看了幾十年的歐洲片，這些片子的回憶全都在真善美，每個禮拜我都要衝到真善美報到，因為那個時候只有真善美可以滿足我對歐洲電影的渴望，所以「真善美」電影院對我而言，也是一個非常重要的回憶。

電影院就像我的「避難所」。一場電影大概兩個鐘頭，有的時候躲進去看個兩場，四個鐘頭，在電影院只有自己的幾個小時裡，我總是會有一種可以把傷療好的感覺，忘記所有不開心的事，忘記真實世界裡小小的我，進入電影裡更開闊的世界。

期待西門町捲土重來

西門町目前有點捲土重來的味道，但我只能用「今非昔比」這四個字來形容，因為一個東西、一個文化、一個條件一旦殞落了，就不易再重新燃燒；而最美好的西門町年代，我想就是我們在混的七、八〇年代。如今，一切都變了，電影、青少年文化大多已失去，西門町變得雜亂、很沒有扎實感，比較像廉價中心。過去的西門町是年輕人的時髦集散地，現在的西門町應該只屬於年輕人的次文化，至於西門町會不會再改變，我想還是要再觀察一下，很多人對西門町有太多的回憶，所以現在也有不少人想要「反攻西門町」，重拾舊時榮景，我們都很拭目以待。

西門町的時尚老地圖

金園排骨

地址：臺北市萬華區武昌街二段八十二巷三弄一號
（誠品武昌對面巷內）

金園排骨於民國六十年初在豪華戲院旁開幕，經營者蔡老闆與金園排骨創始人簽下合約，以金園為名，除了招牌排骨、雞腿飯不斷熱賣，其他產品如排骨麵、春捲、酸菜麵亦廣受顧客歡迎。金園排骨在西門町陪伴著臺灣人成長，後於民國九十七年，遷移至現今所在地的峨眉立體停車場入口對面巷內，更名為「金滿園」，累積四十年的技術與經驗，將深植人心的金園排骨的美味，傳承下去。

▲ 儘管每日三餐年復一年，許多人仍會特別記得嚐過的金園排骨滋味。

天后宮

地址：臺北市萬華區成都路五十一號

▲ 人來人往，一種信仰，百年風景，香火不斷。

建於十八世紀中紀，最早由艋舺地區的商行捐資建媽祖廟，原名為「新興宮」，當地俗稱「艋舺媽祖宮」。幾經火災重建，至二次大戰結束後，新興宮信眾終於找到奉祀弘法大師的「弘法寺」作為新廟址，一九四八年將寄放於龍山寺後殿的媽祖神像遷入，並將弘法寺更名為新興宮，一九六七年配合臺北市改制，稱「臺北天后宮」，寺廟約有兩百多年的歷史傳承，見證了艋舺地區與西門町的發展。因為側殿奉祀弘法大師，日籍觀光客也不少。

真善美戲院

地址：臺北市漢中街一一六號

又稱為「真善美劇院」。前身為日據時代的「新世界館」。光復後經國民黨接收，改為「新世界戲院」。一九八五年，當年的中影總經理林登飛，將新世界大樓上的餐廳改建成真善美戲院，原本打算發展為專門播映藝術電影，後因營運考量，又改回商業電影路線。一九九六年元月，在中影總經理徐立功催生下，真善美戲院才算真正站穩腳步，長期播放各國的藝術電影，是臺灣老字號的藝術電影院。

▼東芝、松下、小美冰淇淋、肝病治療中心……不管時移事往，西門町的矛盾反骨總是獨特。

娛樂

老地圖

王偉忠與西門町

知名電視製作人。生於嘉義市，畢業於中國文化大學新聞學系，自文化大學新聞系就讀時期即進入電視臺打工，二十四歲即成為節目製作人，歷經電視臺副總經理、國際唱片公司副總經理、電臺創辦人等工作後，回到電視製作。目前除專營電視節目製作，也積極投入推動臺灣文創產業發展。西門町是他小時候的繁華嚮往之地，也是青春年少的遊樂場。

我的青春嬉遊記——西門町

王偉忠：「這樣的地方，就是好玩。」

一九七五年到一九七九年，我在臺北讀大學的那四年，幾乎每個週末都會到西門町，和朋友一起看電影、聽歌、觀察時尚……在西門町的種種活動，某種程度上，是替我對電影和流行音樂的認識，打下基礎。

我自己是南部的眷村小孩，進大學之前只到過臺北兩次，但都和西門町有關係。第一次是讀國小四年級的時候，那次全家一起到臺北玩，在西門町訂了間小旅館，從嘉義土不啦嘰的小地方，來到熱鬧的西門町，後來全家還一起去了兒童樂園、陽明山。可以説是大大長了見識、開了洋葷。

第二次到臺北是一九七二年，我剛考上省嘉中（今國立嘉義高級中學）

的暑假，從嘉義搭火車，沿路晃著晃著，大約折騰了十個小時才到達臺北。要到臺北火車站一定會經過西門町，那時鐵路還沒地下化，透過車窗就可以看到繁華的西門町。經過當時很有名的「點心世界」後，就可以看到鐵柵欄，盯著那個鐵柵門下來就知道要到臺北了，那個心情興奮得喔。

貧窮學生的頂級享樂

在臺北念大學時，因為新生統一住在學校宿舍。入學大概兩個禮拜之後，就有同學帶我到市區去玩。從青島東路下車往回走，先到重慶南路書街那一帶，喝五百西西果汁，吃加酸菜的牛肉湯麵，然後往西門町裡邊逛。一開始是同學帶去西門町玩，後來習慣了，直接就跟朋友約在那時候的新聲戲院門口。通常就約星期天，通過新聲戲院門口的天橋，到西門町電影街吃點小吃，然後就坐在那時候很流行的音樂咖啡廳。

我大學兩個死黨，一個綽號叫「老鳥」，另一個綽號叫「死人」，整個四年都一起混。有些週日，就約西門町見面，帶著平常打工存的錢，到胡錦開的春風得意樓點茶，吃完之後會在新潮或青蘋果那邊混，再一起去看電影。那時候用餐計費算盤子的，那時手邊錢沒那麼多，有時候吃一吃，還把盤子放桌子底下讓人家少算幾個。

看完電影，我們習慣去國賓戲院後面吃一碗牛肉湯麵，如果還有錢，就吃西門町那邊的炸雞排或者金園排骨。那時候大部分同學的空檔時間是在讀書，我就拿這些時間拿去打工，才好在週日時到西門町看電影。為了省錢，當然不能吃牛肉麵，只能點牛肉湯麵，然後加很多很多酸菜。奇怪的是有了錢，可以吃大碗牛肉麵了，不知道怎麼，最想念的還是加了很多很多酸菜的牛肉湯麵。

音樂、舞會，情竇初開的滋味

那時候大家都愛去音樂咖啡廳，最吵的一家叫「青蘋果」，音樂開得超大聲，名氣也最響。青蘋果有時候人太多，進不去，我們就去旁邊那家，叫做「新潮」。

最流行的是英國艾爾頓．強的〈鱷魚搖滾〉，或者聽 Glen Campbell 的〈Like a Rhinestone Cowboy〉，比吉斯合唱團的〈Stayin' Alive〉……反正，一群死黨不是在新潮就是在青蘋果，叫一杯漂浮咖啡，在那兒混一下午，那些歌我到現在都還能唱。

當然，除了電影院和音樂咖啡廳，偶而也會在西門町打保齡球，但不溜冰，去冰宮多半只是去看一看、混一混。

那時大學生流行去的地方，還有舞廳，西門町的幾間舞廳，有一間在希爾頓大飯店裡，特別有名，跳一次要六百元，在當時差不多是半個月的生活費。我不混舞廳，只有在大四時，去過一次希爾頓大飯店的晚舞，就那次而已，還遇到比莉、洪偉明，可見有多熱門了。

不過不混舞廳也不是不跳舞，一般學生流行家庭舞會，週六晚上，約在家裡，穿著拖鞋跳舞，想要追女孩子一定要去家庭舞會。我是南部小孩，比較不會追女孩子。我記得我第一次在西門町追女孩子，看女孩子漂亮，就問她：「小姐妳無聊嗎？」

女孩子就罵我說：「你才無聊呢！」愣頭青一個，當然後來也沒有下文。

和西門町密切共處了那些年，對西門町就有種挺特殊的感情。那兒不僅是青少年流行文化的匯集地，或者滿足味蕾的美食商圈，也是很多電影夢的起點，還有美好過往的回憶。

出社會工作後，慢慢就走不到西門町了。當兵時還會去西門町看個勞軍場電影，但後來工作太忙，當年常一起混西門町的同學和朋友也因出國或工作，愈來愈難約，也就沒再去西門町了。

難以取代的電影娛樂

隔了一段時間，終於慢慢能撥出一些時間，又恢復了看電影的習慣。可是，新的電影院一間間開幕，多半改在東區或是總督戲院看。不過，對於西門町的電影院，還是很讓人難以忘懷的。

以前，我們到國賓看電影算是很奢侈的享受，像我看《賓漢》就是在國賓看，那是第一次到臺北看大螢幕電影。後來我看了很多很偉大的電影，都是在國賓戲院看的，到今天為止，我還認為國賓戲院是偉大的地方。而國賓的創辦人，我到現在還是非常的佩服。

就算是現在，我偶而還是會帶太太一起去國賓戲院看電影。一方面也因為西門町一帶有很多喜歡的小吃，帶食物進西門町的電影院不像其他地方那樣被嚴格限制，另一方面，國賓的大螢幕還是亞洲第一的。

一些有著我們西門町記憶的店一直都在，像國賓戲院後面的老董牛肉湯麵，郭台銘結婚的時候，他的牛肉麵還是從那兒叫的。

也有一些大樓雖然換了不同店面進駐，但都有值得玩味的地方，例如萬年商業大樓。從我大學那時，萬年大樓就有很多委託行，會幫忙出國帶東西回來，賣些衣服在那個地方給年輕人。而現在的萬年大樓，有很多奇怪的店很流行。

有人說西門町很像日本的原宿。精準來說，應該說屬於年輕人的次文化，既存在於原宿也存在於西門町。論流行，現在臺灣已經有很多商圈，各有不同的文化，容納多種不同個性和年齡層的人。其實，不同商圈的興起是好事，隨著不同商圈特色的分化，曾經歷過雜亂變動的西門町又恢復它原來的一些特色。

從我讀大學到現在，西門町一直都是很能接受新東西的地方，文化的進展就是需要這樣。當然每個小孩子青少年都會有屬於他們的地方，有人屬於中山北路那區，有人屬於信義區，有人屬於東區，有些人屬於師大商圈，有些人屬於大直那邊，有些人屬於西門町。沒有什麼去西門町就會學壞的道理，我也帶孩子去逛，她們自然而然會了解不同的文化，喜不喜歡或愛去哪兒逛，那是商圈和孩子們的對話。

不過西門町真的挺好的：

這裡是臺灣電影文化開始的地方，很多好萊塢電影都是在這裡發跡的。擁有大概全亞洲最棒的大螢幕，斜背式電影院——國賓戲院。

還有很多傳統的小吃。很多新崛起的潮牌，有很多流行的東西在西門町。還有一些歷史的傳承，例如：媽祖廟，一些茶莊，有老天祿的滷味……多值得逛啊！這些傳統和現代的東西在西門町融合，不斷推進和演變，讓西門町擁有獨特的味道。像西門町這麼一個多樣文化衝擊的地方，怎麼說呢？就是好玩嘛！

西門町的娛樂老地圖

點心世界

地址：（原）中華路南站
（現）臺北車站二樓微風美食街

未拆前的中華商場分為八段建設，自北門平交道起為第一段，小南門平交道是第八段。八棟建築中，第六棟以吃著名，「點心世界」就在這一棟。當時點心世界販賣鍋貼、蒸餃、酸辣湯等北方小點，鍋貼分量大，皮脆焦黃，酸辣湯也很清爽，蒸餃更是扎實而有嚼勁。

一九九二年，中華商場拆遷，幾經轉折，開了幾間分店，但都收掉，後來「點心世界」的傳人遇到美食街的豆花王國張老闆，一同合作。現在「點心世界」改名為「小南門點心世界」，進駐臺北車站二樓微風美食街。

▶ 中華商場的點心世界，雖已離開原址，卻在許多人的記憶中永駐不移。

◆國賓戲院

地址：臺北市萬華區成都路八十八號

日據時代，位於今日國立臺北護專之地的「芳乃亭」，是第一家兼作電影放映的劇場，戰後，芳乃館變成了老一輩臺北人還有些印象的「美都麗戲院」。「美都麗戲院」在老舊拆除之後，一九六五年才輪到今天的國賓大戲院上場。當時七層樓的國賓大戲院真的就是西門町獨一無二的地標。

而時代變遷，陸續開張的西式戲院，以及與商場的結合，本土戲院幾乎都毫無招架之力，這時國賓大戲院卻展開了連續好幾年的改裝工程，找到了其他業者很難抄襲的第三條生路：不惜工本地保持第一。加上在東區開設的微風國賓影城，國賓戲院終於在多年的廝殺之後，與華納威秀保持兩強並立的地位。國賓戲院歷經演變，如同旺盛的生命，在飄搖風雨下，仍舊曳立不搖。

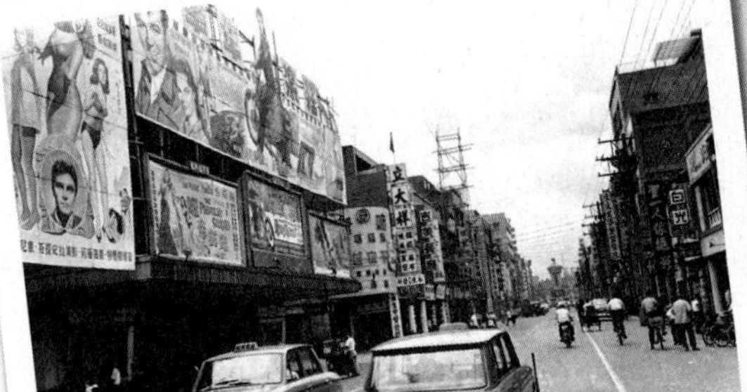

▲ 舊時代的手繪電影看板，在臺灣北部，或已可稱是堂堂走入歷史了。

▲ 路過國賓戲院，抬頭看一眼巨幅電影海報，
幾乎是無可省略的儀式。

音樂

老地圖

倪重華

與西門町

「倪桑」倪重華，是臺灣音樂界教父級的資深音樂人。創辦「真言社」，是將林強、伍佰、張震嶽、林暐哲等人一手帶進樂壇的推手，曾任 MTV 音樂臺總經理，更打造出「臺客搖滾嘉年華」。他自小在圓環後車站一帶成長，青少年時期，在當時最新最前衛的音樂匯集之所，西門町，看到了不一樣的可能性。

那一段繁花似錦，令人回味的青春樂章

倪重華：「我們那個時代的西門町啊，是很有氛圍的……」

其實我現在已經很少有機會再回到西門町了，現在的西門町，已經產生了很大的變化，很多當時的地標和特色都不見了。比如說，當時的學生禁留長髮，所以當你留著長頭髮，穿條喇叭褲，你就很招搖。而通常這會導致兩種結果，一種就是其他太保會來找你打架，另一種就是警察來抓你，好一點的帶你回少年隊剪掉，嚴重一點的，就是在現在的萬國戲院那邊，直接幫你剃頭。

又或者像當時流行的家庭舞會。以前的舞廳沒有學生出沒，他們往往

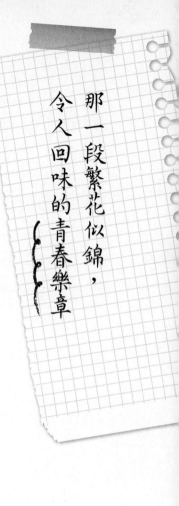

就在自己家裡辦，偶而不小心吵到鄰居，還會遭到警察臨檢；如果想辦得大一點，找個空房子來熱鬧熱鬧，也可能會招來太保搗蛋。所以呢，在當時那個年代，如果你想創造一點屬於自己的風格，你必須要負擔一點風險。

就是因為規矩特別多，特立獨行方得以確立、存在；當界線寬了，選擇多了，這些特殊的味道，也就逐漸淹沒於繽紛的花花世界裡。

西門町，令人愛上西洋樂章

你問我年輕時，是否也是那群打扮趴哩趴哩少年中的一分子？念書的時候沒有，但我高中曾經休學半年，當初的日子就是那樣過的。每個星期六我一定會來西門町玩，通常是兩點鐘看一場電影，看完電影就在武昌街的群育西餐廳打發一整個下午。有時候星期六下午也會有舞會，我就是幫忙弄音樂的那個人。當時西洋音樂的風潮尚未普及，那種有別於東方味道的聽覺刺激，每個班裡頭，大概只有一兩個人感興趣。

我國中時期住在南京西路跟長安東路之間，中山北路一段附近，跟西門町的距離近，便常搭著公車到這兒來，和當時在中華商場新新唱片行工作的王小姐成為莫逆之交。她啊，當時可是掌握了不少最新、最完整的西洋音樂資訊，讓人非得跟在她的後頭跑，跟她套交情。

差不多在民國五十七年，我開始在西門町一帶走動，在她店裡面混到二十三歲吧，直到民歌時期較少光顧了，才慢慢失去聯絡。分隔數十年後，我們曾在光華商場意外相逢，都已為人父母，難免有時光匆匆、物轉星移的感慨。現在的西門町依舊充斥著活力旺盛的國高中生，只是和當初少年們所風靡的早已迥異。

那個年代，是音樂仍純粹的時代。就只是專注在賣音樂這件事上。但現在不是，現在的音樂只是娛樂偶像的一部分，變成陪襯。就像人們風靡的觀光小吃，許多老店在當時會吸引人潮，就只是因為「好吃」而已，沒有那麼多瘋狂而花枝招展的行銷手腕。現在的口碑不是由消費者角度出發，而是媒體態度，到底好不好吃？似乎不再那麼重要了。

教父的西門回憶，已成昨日

說到吃，我小時候很喜歡武昌街口的西瓜大王，其實也沒什麼，就很大的一顆西瓜切一片，好像全臺北就只有它在賣那麼大片的西瓜吧，我也不知道為什麼，從小就非常喜歡。其他一些印象深刻的地方，如今大多消失在歷史的洪流裡。例如如今在西門町立體停車場的對面，以前有一間青蘋果餐廳。因為貪看它的聲光效果，年輕時我也是青蘋果餐廳的常客。其實說穿了，它也不過就是間燈光比較暗的咖啡廳，音響總是開得很大聲，跟現在的夜店一樣，讓你很難聽到其他人講話的內容；牆面上布置了一些七〇年代的螢光畫，螢光燈……等，太保們很喜歡來這家店打鬧，然後就又看見警察來這邊抓。

同一個年代，我的唱片行好友王小姐，她的生活反而沒有我那麼多彩多姿，最主要的原因，是從早上十點到晚上十點半的工作時間，沒有輪班制，每個月只休一天，所以下班後，她通常是直接回到萬華一帶的家，鮮少再外出晃蕩。因為工作的關係，以及她對音樂的瞭若指掌，在朋友的要求下，她會去人家的家庭舞會，在DJ檯上播放一首又一首為舞會添加氣氛的樂曲。

本來以為唱片行店員的身分，會讓她經常碰到初來乍訪的旅客詢問，不過通常問景點的人少，問歌廳的人反而較多，例如麗聲歌廳，只是這些專唱老歌的場合並非我們這一輩的消費場合。

至於現今流行音樂跟西門町之間的關係——當兩者之間的關係真正建立起時，我已不再於西區廝混了。但根據我的觀察，西門町對現代流行音樂最大的貢獻，就是提供了許多場地，例如說「木船」這類的民歌西餐廳，讓現在許多音樂界的音樂人有了初試啼聲、磨練身手的地方。

當西門町第一家連鎖唱片行「淘兒」開始營業時，臺灣的流行音樂已經邁入規模產業，而自產業的角度來看，當時的流行音樂若要與青少年的喜好銜接，一定要觀察、瞭解西門町的流行脈動。那時候還沒有東區，臺北的年輕人也只能往西門町跑，不然就是迪化街那一帶的圓環，兩者的差別就好像前者是日本六本木，後者是淺草；西門町比較時髦，迪化街就是一個仕紳經常出沒的、很富裕的傳統商圈。

青春的熱情，點燃音樂生涯

我以前不唱歌，不創作，不玩樂器，就只是喜歡聽音樂，辦過家庭舞會，在舞會裡當當DJ而已……卻從沒想過自己最後會在音樂這一行裡落腳，想來或許純粹機緣吧。不過，因為年輕的時候都在西門町與音樂裡度過，所以在進入音樂市場的產業端後，凡是經由我操刀製作的歌手或音樂，都難免帶著一點這個城市的「個性」。

我做的音樂其實很簡單，就是很臺北，有著傳統的語言，和不一樣的結構。像閩南語結合搖滾、嘻哈，成了「新臺語歌」；在創辦「真言社」的這段期間，我帶著林強、伍佰、張震嶽、林暐哲等人進入市場；後來辦了「臺客搖滾嘉年華」，也被人說是本土味與話題性十足……其實我明明是在西洋音樂滋養下長大的，但我就是想用不同的視野重新審視自己的家鄉，創造出不一樣的詮釋方法。

六歲到十二歲之間，我在臺北後火車站——現在的京站大樓周遭，度過嬉鬧不知憂的童年；國高中時期則在西門町一帶出沒，追逐著音樂，雖然當時人生並不以此為志向，但我的靈魂卻已深浸其中，受到當時的流行文化所影響。

數十載過去了，蒼蒼白髮之後，還是定居在臺北。我想，我這個土生土長的臺北小孩，見證了臺灣核心地帶曾有的青澀、掙扎與蛻變。過去那個蓄著瀟灑長髮，穿著喇叭褲搖擺走過街道的我，如今只成了一抹鮮明卻泛黃的印象畫。

但即使曾有的繁華已換了容貌，西門町卻依舊以任性妄為、大膽多變的步伐追著未來前進。它的繽紛熱鬧，至今依舊成就了許多青少年記憶裡的永恆。這是西門町的力量，雖已不再獨有，卻依舊瑰麗不墜。

西門町的音樂老地圖

青蘋果音樂餐廳

地址：日新戲院巷口／西寧南路；現已消失

位於日新戲院巷口。當時的青蘋果音樂餐廳生意火紅，螢光燈閃爍著迷幻色彩，大堂上方還有個七彩旋轉燈，女侍基本上都是大學工讀生，當時的 DJ 工作簡單，只要在兩首曲目間接合得天衣無縫即可，不像現代 DJ 將唱盤轉來轉去，音響很棒，能夠滿足喜好西洋音樂歌曲的人。

新新唱片行

地址：中華商場

中華商場的唱片行是不少人接觸西洋音樂的開始，年輕學子穿過一排排的中華商場，幾家唱片行的揚聲器高分貝的播出了西洋歌曲，那還是黑膠唱片的時代，劇場導演賴聲川對新新唱片行的回憶就從店員小姐開始，那時同學間都知道新新唱片有一個好酷、模樣又標緻的小姐，只要有學生進來，她就從膠套中拿出唱片，以嫻熟的動作，把唱針對準她認為最能吸引你的歌曲音軌，聽個五、六秒鐘，就拿下來問你要不要？整個過程簡單快速，卻是不少年輕人進入音樂殿堂的第一步。

▲ 中華商場曾有過的光華和熙攘，雖然已年去久遠，經歷過的人們永遠都不曾忘記。

建築

老地圖

阮慶岳

與西門町

小說家、建築師。淡江大學建築系畢業，美國賓夕法尼亞大學建築所碩士。現任教於元智大學藝術與設計系。著有《林秀子一家》、《凱旋高歌》、《蒼人奔鹿》等，這三本合稱《東湖三部曲》，內容闡述東湖地區開設廟壇林秀子一家大大小小的故事。同時也是策展人，主要策劃建築展覽，曾策展《樂園重返：臺灣的微型城市》，代表臺灣參展威尼斯建築雙年展。

庶民生活，是西門町的美學色彩

阮慶岳：「全臺灣找不到像西門町對各個社群具有強烈包容力的地方。」

一個人若是連自己的衣服都不會穿好，你怎麼能期望他能把房子蓋好？想說服別人接受你的建築美學品味，當然得好好打理自己的服裝品味。

西門町，在我的美學經驗裡，占有舉足輕重的角色。在以前流行訂做衣服的年代，買布就是直接做衣服，老西門町有很多服裝訂製商店，從日據時期開始，西門町一帶是主要布料供應商的聚集地，布料跟時尚有關，所以早期的西門町就是一個時尚重鎮。

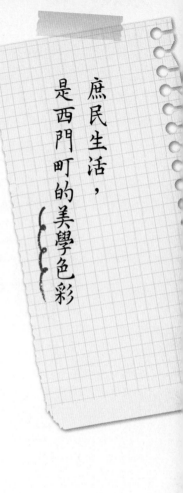

最早是我的哥哥，帶我去訂做當時流行的喇叭褲、花襯衫。那時候，成衣不多，手工很便宜，中華商場的二樓幾乎都是訂製服店。我還記得他們布料的種類非常多，做得又快又便宜，大概兩、三天就可以交貨。有點像王家衛電影《重慶森林》的氛圍。那裡也有很多外省口味的特色美食，選擇性很多，價格也合理。加上中華商場人潮比較集中，幾乎每家店生意都非常好。況且西門町一帶從日據時期有名的就是電影院雲集，到了光復後榮景還持續著，所以西門町一直是個娛樂消遣的好去處。

建築，見證了西區風華

西門町在臺灣戒嚴時期，曾經是一個叛逆的象徵，學校的老師總是說西門町是壞學生、社會邊緣人等聚集的地方，因為那裡做的衣服通常都做得比較花俏，不會是乖乖牌的衣服，比較不符合學校、社會所要求的。而到七〇年代後期，外銷成衣店主要都集中在中山北路的晴光市場一帶，去西門町買潮服的人漸漸少了，也開始變得注重本土味，而且外來物品的數量不比現在，日本貨還是禁止進口的，於是有一些跑單幫走私帶進來的日本流行雜誌，變得奇貨可居。

而六、七〇年代以西門町為主的消費模式，到了八〇年代漸漸改變。東區崛起後，中產階級認為西門町相形之下顯得髒亂、治安不佳、充斥著廉價品。而部分社經地位弱勢族群聚集於此，著實也令西門町沉寂了好一段時間。

西門町在歷經重大挫折後，轉變了幾個階段，如今又重新湧現活力，目前哈日族為當地最大的社群，相較於東區，現在的西門町顯得更年輕，有更多的青少年聚集在這裡。這也跟臺灣的文化深受日本影響有關，難怪有著東京鬧區縮影的西門町會被封為「臺北原宿」。

對我來說，西門紅樓是個很特別的建築，我第一次看到它的時候，它還是一間電影院。而且以房屋的角度來說，八角形的房屋建築在實用性上，其實並不好用，比方說不太好擺傢俱；但是，好處是視野角度多。一般來說會應用在城堡轉角的防衛性功能，或是用來看風景的亭子、種植物的玻璃屋、車站、市場等，可以很方便的出入，不然很少建築物會建成八角形，在臺灣的八角建物大概也只有紅樓這一棟。

傾聽「街屋」，看見生活本色

跟其他的建築比起來，我覺得比較有趣的是，從中山堂走出來，鄰近遠東百貨附近與衡陽路一帶的老房子，有一些從日據時代留下來，至今還保存在那裡的「街屋」，精緻度相當好，舉凡銀樓、布料行、裁縫店等最頂級的商行，皆位於此區，這裡是當時有錢人消費的地方，在當時乃至於臺灣光復後初期，都屬高價地段，外圍的商店則是屬中低消費的。目前衡陽路二號的老牌公園號、十九號的金石堂書店、五十八號的全祥茶莊、八十七號的合作金庫等，還保有當時街屋的風貌。

日據時代的房子大致上可以分成兩種，一種是官方蓋的，比較具有紀念性，或宗教性的像是寺廟，代表政治權力的像是總統府等，這類由公部門主導的公共性的建築；另一種不是公部門主導的，是由老百姓蓋的街屋，那些房屋你看了就知道它為什麼要蓋這樣，跟使用者是可以很直接對話的。那些街屋是要做生意的，它會需要你走進去，跟人的關係是比較緊密的，感覺會比較真實。而這些地方也反映了該時期的重要性，與中、日、西洋的混搭建築風格。靠近河岸的部分是商業區，商業區後面如撫臺街洋樓等地就是住宅區，一般來說是商業區商人的私宅，風格為西洋式的莊園。

另外，非常令我難忘的，就是重慶南路這條「書店街」。它曾經是臺北最重要的書區與集中地，無論參考書或課外書，都是我在國、高中時期主要買書、逛書店的地方。只是可惜現在有一點散掉了，當然也跟實體書店本身的衰退有關。

古蹟的大帽子反而蓋住了生命力

我認為，西門町雖然有許多建築被歸類為古蹟，然而目前檯面上比較重要的古蹟都是由政府控制，但政府控制的方式是不准改，也不准修，把它當作博物館，可是放眼人類歷史，從來沒有一個叫做古蹟的東西。過去的房屋是可以依需求改造，一直變化下去的。然後政府設了一個時間點，這個時間點以前的算是古蹟，這個時間點以後是可以變的，建築被依時間點一刀兩斷對待的方式，是人類時間軸上唯一出現的一次。

平常進去古蹟，你只能看看，或坐下來喝杯咖啡，只能這樣。如果這建築有留下有價值的東西，你自然會保存它，不好的地方就會去修改。像歐洲的房舍隨便都有兩、三百年的歷史，看待古蹟不是只用時間去看，也會用價值來衡量，如果把臺灣政府的想法放到歐洲去就慘了，可能有一半是古蹟，這樣的做法反而顯得有點可笑。像是廣州街的剝皮寮，我就覺得好像僵屍一樣躺在那裡，反而是剝皮寮周遭的雜貨店感覺有趣多了。

我也挺喜歡現在的西門町，這裡的人，與路邊巷子小店裡賣的小東西，都令人覺得有趣，又有獨特的品味與多樣性。我也會去紅樓河岸留言看樂團表演，偶而還帶朋友到紅包場聽歌，看著他們的穿著與聽著他們唱出的歌曲，就代表著過去的西門町。

我覺得現在的西門町已經很有自己的個性，不用特別介紹，遊客只管自己走進去逛就好，自然就會感受到，不用特別介紹這裡是什麼，那裡有什麼，店家跟裡頭活動的人早已自然產生了一種文化，像紅包場，快被淘汰的歌手、年老的人在那邊聽歌，私娼、援交妹、社會最底層的人也在那裡，那些人你要他們移到哪裡？就算他們年紀老了也還是留在那裡，但這就是西門町的特色，不需要像政府講的那樣冠冕堂皇，好的地方保留，不好的地方他們自然會演進。就像紐約的時代廣場，現在是觀光勝地，然而在二、三十年前那邊是私娼、賣毒品、色情的大本營，現在這些東西通通不見了，那就是一段歷史，連時代廣場都可以不斷的改變，我們也要放寬心胸，接受西門町不斷的變動。

讓西門町自己選擇傳承的形式

早先，政府對紅樓的商家設定了一些經營模式，結果都不成功。像紅樓的小熊村本來不是政府一開始的設定，後來卻變得很受歡迎，連許多國外的觀光客都知道那裡。我認為政府在這方面沒有卓越的領先思考，不該搶著當投手，應該當捕手就好。政府要相信每一個開店的人為了要賺錢，會比政府更瞭解如何去做比較好。

現在的西門町是多元文化交混的，而且文化醞釀期也夠長，在紅包場表演的人聽歌的老兵、崇尚日系的青少年、援交妹、同志文化在西門町裡頭相安無事，這就是一個特色，西門町這樣的一個區域可以給這麼多背景的人共處，少說有七、八種族群以上，這種包容的多元性在臺灣其他地方是極少見的，像臺北的公館、師大夜市一帶頂多兩、三種族群就飽和了。

讓我敬佩西門町的地方是，在兩百年的歷史洪流中，得以在每一次時代改變（包括政治勢力與經濟情勢）的衝擊之下，還可以不斷地轉型再蛻變，表現出最強韌的生命力，放眼臺灣，恐怕再也找不到其他地方可以像西門町變化得這麼多，而每一次的轉變，就像浴火鳳凰的姿態重生，非常驚人。

更不用說西門町內多種社群的結構關係已經穩定了，它形成了一種文化，而這文化可以販賣給欣賞它的消費者，可以吸引到更高階的消費者。比方說我們到日本的次文化區，你不見得會變成他們的文化，但在同時你可能會進行其他消費，這就是一種文化販賣，這不失也是西門始終執著地活出自我生命的一段註解。

西門町的建築老地圖

衡陽路街屋

地址：臺北市衡陽路一帶

衡陽路是日據時代的「榮町」，也是日本人在臺時最早進駐的臺北城。過往曾有「臺北銀座」的美稱，可想而知在當時是多麼喧鬧繁華。因此，衡陽路上自然發展，形成了以經營商號為主的獨棟或連棟建築，是為「街屋」。民國前一年榮町一帶因颱風洪災改建，立面採四柱三窗，佐以精美洗石子、泥塑、巴洛克飾邊進行裝飾，反映出殖民建築偏好模仿文藝復興時期歐風設計的特色。

▲ 衡陽路上的老式街屋，是青春鬧區和書香重慶南路的雙向道。

▲ 合作金庫的建築保持殖民時代的歐風設計，自成一格地融入各個時期的西門町。

公園號酸梅湯
地址：臺北市衡陽路二號（懷寧街口）

▲ 老口味令人生津，在此買過酸梅湯的人，其中不少或許才正吃完鄰近的隆記菜飯也說不定。

民國三十九年創立，設立於外觀為巴洛克風格的日據時代建築，盛載了許多老臺北人對甜品飲料的美好回憶。以仙楂、烏梅、甘草、桂花等精選素材，熬煮六個小時的酸梅湯，因為添加獨家配方「蘇打」，不但生津止渴，更有汽水一般特殊又清涼的口感。

潮流

老地圖

范可欽

與西門町

知名廣告人。二十五歲踏入廣告界，以獨特的創意、趨勢敏銳度、和不服輸的個性，創告了不少傳奇，擁有二十多年海峽兩岸三地廣告經驗，曾任李奧貝納廣告執行創意總監、香港奧美廣告中國區創意總監、上海奧美廣告創意總監。他的廣告每每引領話題和潮流，不隨光陰褪色。

遠的初戀——西門町

范可欽：「西門町，就是我的『沈佳宜』。」

我喜歡西門町。接觸西門町大概是從高中開始，密切相處十年，那是七〇年代的事。那個年代的西門町，立刻跳出我腦海的是食物、制服、還有獅子林廣場。

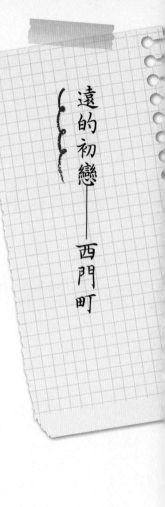

獅子林廣場是個購物中心，裡頭店面一小間一小間的，賣各種你想得到或想不到的東西。這類型的小店，過很多年也不會消失。

我的鄰居中有一對夫妻，在西門町的獅子林廣場開一間小店，賣手錶、眼鏡、裝飾之類的東西。我下課後常到那邊去混。老公在軍方的氣象局工作，如果他在，代表臺灣天氣還不錯，一旦颱風要來了，他就消失了，他老婆會說他值勤去了。他們要守夜，觀測分析颱風動向。所以，臺灣有颱風，我都是第一個知道。

那個年代的男生，喜歡成群結隊到中華商場的二樓訂做制服。學校制服的布料太爛，我們就去找卡其色的布，做成喇叭褲。制服要做得很挺、要燙線。

那時候喜歡把書包帶子拆下來，放得很長，裡面不裝太多書，以顯得很啪。我們就在那邊混，那樣飄來飄去的年代。西門町是我們這群人的娛樂中心，在那個年代，臺北沒有別的地方好玩。

西門町有那種情緒、那種氛圍，有點像《那些年我們一起追的女孩》，讓你接觸到外面的世界和憧憬，往外走的人生價值。

吃喝、壓馬路兼看妹全攻略

男生進到西門町的幾大原因，第一個是逛街，第二個是吃東西。你知道的，青春期的男生永遠吃不飽。第三個，就是有很多妹。在那邊轉車，就會看到各個學校的女生，北一女啦，中山啦，景美啦……北一女和景美最明顯，她們的制服，一個綠的一個黃的。

高中念師大附中，放了學，常搭公車到西門町去玩。我會在中華商場樓上樓下跑來跑去，吃小吃，最喜歡的就鍋貼，配一碗酸辣湯，吃完以後才跑回家，再坐一班二五二公車，回到家都已經七、八點了。我媽不太會要求我們，只要最基本的功課做好就好……

我從來沒有覺得西門町像人家講的那樣，是龍蛇雜處的地方，也從來沒覺得西門町是一個夜生活的地方。西門町對我來說，就是一個傍晚的地方。聽起來日薄西山？不是啦。是因為我在那裡的時間幾乎都是放學時，陽光都斜斜的，所有畫面都是昏黃的。我在那裡不會真的待太晚。

除了鍋貼、酸辣湯，我在西門町還吃蚵仔煎、甜不辣，我小時候常吃甜不辣，一小碗大概是五到十元，差不多就是那時的花費。至於豪華戲院和日新戲院的門口，有一家賣烤雞腿的，味道聞起來很香，吃起來回味無窮。那家店到現在還在。那時候一隻大的烤雞腿，約三、四十元，對我來說還蠻奢侈的，要先存錢才行。我記得去年我還去買了一隻來吃；雞腿本身味道沒變，我卻覺得和當年完全不一樣，因為我現在的心跟味覺已經改變了。

那也是個冰果室的時代。現在的年輕人，應該沒吃過刀削蜜豆冰。刀削蜜豆冰就是拿一個鏟子，把冰鏟、鏟、鏟、鏟、鏟下來，所以每顆冰都是大片大片的，咬起來會發出喀嗤喀嗤的聲音。冰下面放大紅豆、小紅豆、水果，冰上淋香蕉油，吃起來就是香蕉油的味道，很有趣。

不過求學時，口袋不深，沒辦法吃遍所有西門町的著名小吃或特色小吃。鴨肉扁，就是我長大後賺錢了，才去吃的。它和它旁邊的十字鵝肉亭，一般學生都不會進去。你切一盤鵝肉鴨肉，那多貴啊，開什麼玩笑！我們都是到其他地方吃便宜的陽春麵或乾麵。

社會經歷比較多了以後，我聽人家講到西門町的一些巷子的故事，才開始去吃到一些比較特別的東西。譬如，去中山堂的後面的山西館（這間店已經不在了），吃一種叫「溜魚」的東西，我以前聽都沒聽過，那次是別人帶我去吃的。他們是用一鍋熱水、一個麵糰，以手去捏那個麵糰，那一捏就像一個尾巴拉起來，接著丟到那個湯裡面去。外型像很小很小條的魚，咻一下丟下去，跟著菜湯肉湯一起端到你面前。因為很燙，在嘴巴裡面它會溜來溜去，咻嚕嚕的，就是那溜魚。所以「溜魚」根本就不是魚，倒可以說是改良版的迷你麵疙瘩。

我在西門町還度過大學重考那年，在南陽街那邊補習，所以對館前路也有很深的印象。進到大學以後，跟西門町慢慢就遠了，西門町不再能滿足我，就開始到東區這一帶，這就是人的成長過程。後來再回到西門町，是因為有客戶在這裡。

什麼都有，什麼都不奇怪

我現在還是常去西門町。我喜歡那種匯集了好幾種人群的地方，譬如說，怪叔叔會去找援交妹，很多大陸觀光客、年輕小情侶在那邊混。過去，只要能在西門町有個店面，在臺北就算很了不起，因為所有人都到那裡去找東西，到現在為止，西門町還是那樣一個地方。它只是變得更多樣性，那時沒有大陸客，只有南部來的觀光客來逛西門町。

西門町是一個讓每個人都覺得充滿機會的地方，早期不論是高中低檔的娛樂都在那裡，演藝人員在那裡上歌廳秀，臺灣最屌的西餐廳、咖啡廳、牛排館、電影院、西裝店、服飾店、糕餅店。像麗華糕餅店，出名的是冰棒，想不到吧？

我覺得西門町的商店都是滿到街道上來，沒有安安靜靜待著。你看東區大家都很守規矩，都在櫥窗裡面；西門町不是這樣，它是手就伸出來了，對客人上下其手了。好多年輕人在那邊就擺起攤子來。到處是彩繪指甲，少女的東西在那邊。一堆賣小吃的，從蔥油餅到麻糬到各式各樣的食物。有很多店，美髮店、按摩店，怪裡怪氣的個性商店，很有趣。還有街頭藝人。你看，各式各樣的店……有端端莊莊的啦，有偷偷摸摸的啦，有花花綠綠的啦，都有。

東區，像華納威秀那個地方，他給我的感覺就像ABC小孩；西門町，就是讓我感覺很在地、很臺北。西門町，舊的東西、新的東西混雜，它都能接受；不像東區，要穿某種衣服、吃某種菜、姿勢要擺成什麼樣、眼神要擺成什麼樣、旁邊的伴要是什麼樣，被種種要求設限了。西門町的生命力，是東區學不來的。

西門町是很Cosplay的地方，從電音三太子到舞龍舞獅到街頭藝人，它通通都可以接受，所以這麼多年來，它也變成少男少女很喜歡去的地方。你不覺得嗎？就是臺灣人的調調：OK啊，什麼都會、什麼都有、什麼都可以。後來，我都喜歡晚一點去西門町，在快要關門的時候，看店家開始收拾東西，鐵門一個個被慢慢拉上。走在那個地方，就會覺得那是一個疲倦的少男，玩了一天以後，累了，走在路邊躺在路邊。那個時候的西門町很有趣。

歡迎光臨西門町

最近我常去西門町逛，因為我就住在京站那邊，廣義來說也算西門町。

住那裡是出於偶然。原本的住處要裝潢，得花四個多月的時間，我就想找個交通方便的地方暫居。所以那時候考慮兩個點。一個是板橋火車站附近，另一個點，就想說去臺北車站看看，湊巧發現京站，就試著住在那裡。一住下去就不願意走了。我家到高鐵只要六分鐘，到捷運只要十一分鐘，附近生活機能又好，真是太方便了。

現在常去西門町，卻覺得自己是個旁觀者。我已經進不去當年在西門町時的年少心情，也不會再有去玩的那種感覺，也不會再因為吃了甜不辣而感到滿足興奮了。不會了，再也不會了，因為我們那個時代過去了。但是，再回去那裡，許多老店伴隨著年輕時的記憶，還是在西門町那裡等著我們。

西門町是個有機體，不必我們期待，就會走到它自己的位置。我永遠不擔心西門町會沒有人，因為不管你是臭屁的、頹廢的，還是自閉的，西門町對每一個人都歡迎。它有韓風、有日系、臺味，全數接收不排斥，你有沒有覺得很少有個地方可以這樣搞？你真的認真發展一個地方，也不見得能夠做到這種程度。

西門町是一個能量很強的能量場，可以找到很多東西，有無限可能，充滿憧憬和幻想。西門町，就是我的沈佳宜。歡迎你到西門町。

西門町的時代老地圖

獅子林

地址：臺北市萬華區西寧南路三十六號

新光獅子林商業大樓於民國六十八年開幕，樓高十層，地下三層，地上的一到三樓是名店商場，四樓則是「金獅」、「銀獅」、「寶獅」等三家電影院，屋頂規劃為兒童遊樂場。獅子林的另一特色是約會廣場，有水晶燈、彩色磁磚地坪、以及彩色噴泉，讓情人們趨之若鶩，紛紛過來感受浪漫的氣息。它還有兩隻全國最大的銅獅，及一幅「金珠聚鳳」的浮雕，象徵吉祥之意。但獅子林由於設計不良，屢傳火警，沒落了一陣子，電影院和商家都營運不佳，現在的獅子林已不復當年榮景，唯有通訊器材行和服飾店相較之下比較有活力！

▲ 西門町的電影街，不知收藏了多少不知如何是好，
只得直接躲進巨大黑盒子的青春騷亂。

日新戲院／碳烤雞腿

地址：臺北市武昌街二段八十七號

日新戲院於民國五十五年開幕，成了西門町街上著名的大戲院，民國八十八年更推出情人專區而轟動一時，可惜在民國九十二年時即拉下謝幕，日後轉手，並在有線頻道跟影音光碟的競爭之下，還是被威秀集團併購。走過將近半世紀的日新戲院，是電影街的代表之一。雖然戲院三度易主，但由知名畫家顏水龍特地創作的馬賽克壁畫，以及電影文化並未改變。

門口的碳烤雞腿，據說已有四十年歷史，從三、四十元，一路到現在，承載了三代年輕人的記憶。

麗華糕餅店

地址：臺北市中正區開封街一段五十七號

到餅店買冰，是麗華餅店特殊的景觀！在日據時期，以麵包西點起家，後來兼產古早味的枝仔冰，風靡不少老臺北人，炎炎夏日排隊買冰的民眾不計其數。

▲ 夏日炎陽，麗華糕餅的古早味枝仔冰，在當年肯定鎮退過許多的汗水和體內暑氣。

戲劇

老地圖

郎祖筠

與

西門町

客家與八旗滿人混血兒，國立臺北藝術大學畢業，有人稱她是舞臺上的千面女郎，其作品涵蓋舞臺劇、導演、主持、相聲、電視、電影、廣播、配音、廣告、教學等。跟隨父親的腳步，電影、電視和西門町，都是她童年的一部分。

豐富電影養分，刻劃出骨子裡的戲劇縮影

郎祖筠：「西門町是多彩的霓虹燈，是隨時都在改變的黑洞。」

我的父親曾服務於臺灣電影製片廠，是臺灣早期電影從業人員，民國五十八年才進入臺灣電視公司，由於他的關係，我對西門町一點都不陌生，小時候與電影間的回憶，歷歷在目。

從小父母就常常帶我到新公園、歷史博物館遊玩，甚至逢年過節的重大時刻，都會來到西門町好好慶賀一番。對就讀國小五年級的我來說，到西門町的新公園吃上一口三色冰、或是喝過冰涼的酸梅湯的午後，都是人生最重要的時刻。國小的時候，如果寫生沒有畫過新公園，沒有吃過「營

養豐富、衛生第一」的三色冰，哪算來過西門町呢？

早期的臺北城，西門町商店林立，人潮密集宛若現在的東區，對於年幼的小女孩來說，從大年頭就引頸期待著過年來臨，可以跟家人們上個小館子、採買幾套新衣，都是與家人間多美好的記憶呀！

行過商圈，看盡百貨繁華

一九七〇年前後，臺北市百貨興起，西門町則是西區商圈的中心，許多類似現在大賣場性質的百貨公司林立，那時我家住松山，一定要橫跨大半個臺北市，來西門町辦個年貨，才有過年的氣氛。就在中華路的兩側，也就是現在鴨肉扁的這一邊（中華路北側），當時有兩家非常知名的百貨公司，人人百貨跟第一百貨。那第一百貨上的鳳凰茶樓真好吃！再到樓上遊戲場搭個碰碰車，真是好玩極了。

國中前的歲月，看電影就成為了我到西門町的主要目的，在電視只有三臺的年代，我常跟著媽媽、爸爸，到新生、樂聲、豪華戲院看電影。那時的劇院電影院密度極高，是臺北重要的休閒娛樂區。不論是愛情的、驚悚的、最流行的戲劇表演，都可以在峨眉街、武昌街、成都路一帶的電影街看到，偶而看到爸爸的老同事，還可以到戲院裡串串門子，當時一幅幅不同的情境畫面，精彩的人物演出，都成為戲劇養分灌輸在我身上。

我非常懷念，而且相當滿足從小在西門町的生活，西門町不但是父親的另一個工作地點，也是媽媽閒暇時帶我去消磨時光的好去處，是我對於戲劇表現的養分來源。現今回想起來，年少的西門町，宛若一部部電影名稱組成的紀錄片，精彩萬分。

母女的電影時光

你知道以前看電影要唱國歌、還要脱帽嗎？每次開場前，那兩側的紅布簾，就慢慢地往旁邊拉。大家就要站起來，唱完國歌，電影才會開演。有地方可以去看電影，是一件多幸福的事情，從臺中搬上來臺北後，儘管住在松山，也要來西門町看電影。

我媽在我嬰孩的時候，就熱愛看電影，她什麼片都看，而對小孩來說，特別有印象的不外乎就是恐怖片、驚悚片，我還記得我小學四年級的時候，看了《大白鯊》，真是嚇死我了，每天晚上做夢都夢到被咬了一半的人，還在涔涔的流血！

但當時西門町的戲劇以及電影文化，可是現代人少有的精彩，很多人不知道在舊時電影盛行的五〇年代，小孩看電影是不用錢的，因為，許多小孩都在西門町戲院門口等著「蹭票」，只要看到一對少年夫妻，就會跟上去，一起入席看電影，我只要看到有黃牛亂排隊，就忍不住要仗義直言，朋友們都覺得我很有勇氣。當時電影街上販售票券的黃牛隨處聚集，就連平日的白天，若有新的外國片、院線片上映，也是擠得水洩不通，滿滿都是人。

要說到在西門町的戲院中，印象最深刻的，就是當時曾被大火燒過的新聲戲院，那裡流傳著很多的鬼故事，有人說，千萬不要看電影看到一半去上廁所，否則會有臉上有燒傷痕跡的女生，問你出口怎麼走，眾說紛紜，我嚇到腳上都捲麻花了！快點來一碗成都的楊桃冰定定心吧！說到這個成都的楊桃冰，酸酸甜甜的味道，在舌尖上化開，香氣十足的老滋味，也是我記憶中那一股西門町的懷舊味吧！

情色電影的禁忌之地——紅樓

雖然我們常常出入西門町，但是紅樓戲院一直是個禁忌！想想，只要進入西門町，就要經過紅樓戲院，但在當年那個封閉的年代，一樣是播放電影的紅樓戲院總是不太一樣，據說，那時就已經有情色小電影的上映，也因此週邊開始有年長、狀似怪異的老頭子們匯聚，橫過大馬路，到了現在在麥當勞這一帶，也常常看到這些「怪伯伯」，而這一方寸之地，在十八、九歲的青少年心中，也成為了不可碰觸的神祕區塊。

我的父母常叮嚀我：「暗巷裡會有很多小店，女孩子晚上去要小心一點！男孩子則更要小心。」我覺得很好笑，問為什麼男生要更小心呢？他們的回答是，小心被拖到暗巷，還有些人會故意拿走你的眼鏡，讓人去追，一邊笑鬧一邊說：「來追我呀，來追我呀！」接著就被拉進去，這也是西門町暗巷文化中，獨特招攬生意的手法。

說到紅樓，大人總是掩著嘴咬耳朵。以前隱隱約約，總是會聽到「同性戀、做黑的」這些個字眼，讓當時幼小的我充滿好奇，卻不敢提問。雖然那時候我們年紀很小，可是在懵懵懂懂間，雖然不太明白，還是知道那是小孩不能接近的。

或許，西門町在那個封建而正統的年代，過去與現今的重疊下，透過文化平衡視角，已經早就延伸出它自己的個性了。

個人＋私密＋懷舊＝西門町紀事

至於回憶中最難忘的西門町？其實我覺得「懷舊」本身，就是一種享受回憶的滋味，每個人對於回憶的點不同。像我爸是做電影的，不過我家早年並不寬裕。在手頭不闊綽的青澀歲月中，到西門町吃吃喝喝，就已經是非常奢侈的物質享受了。

我的第一條牛仔褲是在人人百貨買的，當時要六百元；我永遠都忘不了在小香港買一條日本進口的手帕，同學們就會投以無數羨慕的眼光；若能夠上巴黎西餐廳去吃上一頓，簡直是中了大獎，如果沒有，吃個鴨肉扁也滋味豐富。

而在黑暗而私密的電影院，那裡簡直像是我的個人遊樂場，讓我的童年豐富而踏實。不過，現在的西門町雖然已經跟我們的年代不一樣了，因為大家的生活都很豐富，但是對於現代的年輕人來說，它必定也有其吸引人的地方，因為回憶是屬於個人、就像是私密的潘朵拉寶盒。

表演，無時無刻不存在

小時候我看臺灣最早的立體電影，就跟現代的3D電影一樣，叫做《千刀萬里追》，由張蜀雲主演，還有一部是《十三女尼》，當年方芳才二十六歲，為了這部戲剃成了光頭。方姐還說，剃頭費有五萬，早知道多生幾個頭，給他剃不就得了。這就是從業人員的敬業精神。

電影是設計過的表演，我很建議年輕人可以多方地吸收養分。像西門町的戲院這麼多家，每年的賀歲片、狄龍、李小龍，還有國外史蒂芬・金早年驚悚的電影，都在我的表演人生中，占了極大的部分。

我從事戲劇表演這麼多年，也曾經幾次回到西門町，擔任電影街公益活動從事短劇表演，在武昌街與西寧南路一帶，也看到很多新生代街頭藝人演出，我認為有西門町這樣的舞臺，可以給新人磨練，相當優質。但要如何才能吸引觀眾的目光，讓他們願意駐足？就一個表演者來說，都是需要構思、鋪排的，絕對不能只有一招半套，而且還要隨著現場觀眾的反應做調整，才能留住觀眾，對表演者來說，有清楚的戲碼，是挺重要的事情。

對我來說，現代的西門町已經沒有華麗的外表，錯落在街道旁的老舊公寓，過多凌亂的商行，讓白天的西門町，充滿頹廢氣息，但是，她依然就像一個巨大的磁場，華燈初上，年輕的生命大批湧入，充滿了另類的生命力，看著路邊的街燈一盞盞的點亮，西門町是多彩的霓虹燈，是隨時都在改變的黑洞。

西門町的戲劇老地圖

西門紅樓

地址：臺北市萬華區成都路十號

前身為「新起街市場」，臺灣第一座官方市場。西門市場入口的兩層洋樓即今日「紅樓戲院」。因其外觀為八角形，因此被當地日人居民稱為八角堂。一度成為京劇和相聲說書的展演場地。一九六三年，因應電影於臺灣當地日漸普及，紅樓改名為紅樓戲院（紅樓電影院），開始播放江山美人等黃梅調與其他國語電影，也是西門町早期電影街的起始點之一。從一九七〇年代中期至一九九七年正式歇業為止，紅樓除了成為二輪電影院之外，還以播放色情電影著稱；周邊亦成為臺北男同性戀者的聚集地。

▲ 八角形的西門紅樓，私藏了次文化中的次文化，從異色電影到同志集散，紅樓似夢，卻又如此真實生猛。

直到二〇〇二年，臺北市政府將西門紅樓委由「紙風車文教基金會」經營。同年名導演柯一正主持的基金會在投入大筆資金整修後，重新以「紅樓劇場」為名啟用西門紅樓；一樓經營咖啡廳及臺灣特色商品，並免費供市民參觀。而最主要營業項目，則是於建築物二樓定期上演相聲、戲曲、舞臺劇、舞蹈、音樂會等藝文活動。

同志

老地圖

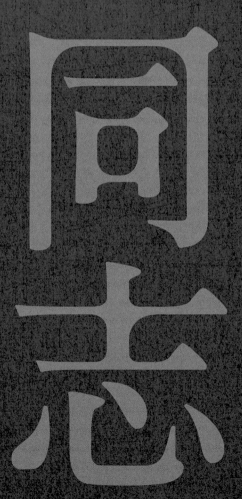

賴正哲

與西門町

人稱阿哲，華人圈內第一間同志書店晶晶書庫的合夥事業股東之一。晶晶書庫創造了一個屬於同志，正視同志文化的書店，賴正哲亦長年投入爭取同志權益的社會活動，是臺灣同志運動與同志圈的重要代表人物。著有《去公司上班》，筆下的公司即是指現在的二二八公園，西門町則是他口中的同志樂園。

遇見一抹彩虹
西門町的同志情慾世界

賴正哲：「西門町是個很可愛、有趣、三八的小女孩。」

西門町，彩虹天堂，同志樂園；在臺灣，沒有其他地方像這個臺北市西區最重要的消費商圈一樣，成為同志族群生活、消費、活動的重要根據地，甚至吸引許多國外同志前來朝聖；在資深同志運動者我的記憶中，西門町充滿了青春、熱戀、情慾，以及身分啟迪與對自我的肯定……

把時間拉回到民國七十年左右，那一年我才十七、八歲吧，老家位於基隆，曾去宜蘭讀過書，年少心野，一放假就愛往臺北跑，所幸家人也主張年輕人別老一天到晚窩在厝裡，鼓勵沒事就出去逛逛，我便名正言順，光明正大地溜達起來；搭上火車，不到一小時的車程，就從吹著海風的港口轉換到霓虹閃耀的都市，情境與心態的轉換快得很，身分也在倏忽間，從正經八百的一般人，幻化成帶有祕密烙印的變種人。

對我這種老家原生地找不到任何同志的人來說，臺北，簡直是快樂天堂；當時東區、信義計劃區還沒有發展成形，西門町因為臺北火車站就在附近，很自然成為南來北往聚集地，人一多，同志也跟著多起來。衡陽路直走到西門町，館前路直走到新公園，好吃好玩好朋友通通都在這，想到就開心。

那時候紅樓不是現在的模樣，來來百貨、力霸百貨、今日百貨還在，沒有人知道網際網路是什麼，民風沒有現在開放，但絲毫不減損同志朋友的滲透度，只要找對管道，另外一個隱藏版的妖嬌美麗、青春活躍世界，嫣然綻放……

到公司打卡上班去！

眾所皆知，離西門町不遠的新公園是同志大本營，報章媒體把新公園塑造成隱晦神祕，甚至有點淫穢不堪的異次元空間，彷彿進到這裡，就有從陰暗角落伸出來的魔爪，粗暴地把你身上衣物撕爛，毫不客氣地生吞活剝，吞食殆盡……既然如此恐怖，為什麼包括我在內的其他同志還不顧一切來報到呢？很簡單啊，人們追求的不就是這種腎上腺素直飆的另類體驗嗎？

記得第一次來到「公司」，我又刺激又害怕又興奮又快樂又幸福，一顆蹦跳跳的天使心差點就漫出來了；從博物館那側進入，咚咚咚小碎步很快繞完一圈，好幾次差點走到腳抽筋；眼角餘光瞄到站在樹叢下一個個散發著慾望、吶喊的身影，卻怎麼也不敢正視他們。好幾次之後，我才終於具備足夠勇氣，學會圈內眉來眼去、你追我跑的交流語言。

樹叢底下、蓮花池邊、涼亭裡面的青春肉體來來去去，但「公司」在同志圈的地位，從白先勇的「孽子」時代，一直到前幾年網路興起後才略有改變，同志並沒有消失，而是轉移到其他陣地，繼續百花齊放，不斷爭奇鬥艷，宛如幹勁十足的小幫浦，豐富城市活力。

對了，我們不稱呼「公園」而改叫「公司」。去那邊遊蕩、釣人、找友，則叫「打卡」，像固定上下班一樣；我一到臺北，馬上直奔過去打卡，看看有沒有認識的好姊妹在公司；三兩好友第一攤在公司碰了面，接著趕到第二攤 Gay Bar，喝酒聊天，看對眼的人互拋媚眼，互訴情衷；直到夜闌人靜，沒家可回的才接著去第三攤的三溫暖過夜；以臺北火車站為中心點的大西門地區就是同志們的樂園，是他們找尋依靠扶持，甚至溫存呵護的樂土。

紅樓會客室，見客囉！

若說新公園是二十年前的同志基地，紅樓則是近十年新的同志領土。

容我先簡略介紹紅樓的前世今生，一九〇八年，西門市場八角堂「紅樓」興建完成，西門町成為日人移住專區，繁華盛極物阜民豐，此地成為萬華、大稻埕、城內三軸輻輳的娛樂鑽石地，同時也是日本人認為的大東亞共榮圈亞洲娛樂樣版重鎮。

一九四五年，日本敗戰，國民政府來臺，大批湧入的外省移民，撐起紅樓劇場輝煌演藝盛世，滬園京劇、紅樓書場、黃金話劇成為移民的心靈慰藉。一九六三年，西方思潮風行，紅樓戲院電影開演，黑白武俠、二輪西片、古裝國片，票價便宜不清場，頗受年輕學子歡迎；從這階段開始，紅樓戲院慢慢地與同志沾上了邊，有人開始在後排座位與廁所幹起宣洩肉慾的勾當；不甘心束縛在小框框裡面，一股急欲掙脫的情慾甚至延伸到不遠處的中華商場二樓公廁，牆面上歪七扭八、胡言色情塗鴉、還有霸占小便斗半天尿不完，卻總是用曖昧眼神偷瞄賞鳥的人，搞到後來連不屬於同志世界的外人也發現不太對勁。

時光荏苒，一九九〇年，紅樓零星殘存的舊店舖、破落頹圮的違章建築，隨著都市發展東移而在沒落中殘喘。一九九七年，紅樓公告為三級古蹟，同年紅樓戲院熄燈歇業。直到二〇〇七年，臺北市文化基金會接棒起跑，將西門紅樓打造為旅客往來西門町必訪之指標性地點。

然而，官方沒有提到的是，紅樓改建之初，根本沒有為同志預留一席之地，同志之火在此點燃，完全是無心插柳柳成蔭的結果。話說重頭，紅樓改建後，最早的規劃不僅無法讓原本在這幾十年的雜貨舖起死回生，居然加速整體商圈沒落！各方質疑與指責讓主管機關慌了；同年，由於租金便宜，加上抱持著想為部落格家族以及好朋友提供有如村落般親切且放鬆的空間的理念，以同志間所謂「熊族」為主要消費族群的「小熊村」，成為第一間進駐紅樓的咖啡館。

第一家戶外同志專屬咖啡廳的封號，很快在圈內傳開，捧場的G友絡繹不絕，「小熊村」居然做起來了，隨後，其他家同志咖啡廳、同志服裝店、同志美容護膚、同志情趣用品陸續進駐。

在建築系都市社會學當中有這樣的說法：城市中頹敗、去中心的地帶、角落，再度起死活生的關鍵是讓比較弱勢的團體進駐後，賦予嶄新的面貌；例如紐約蘇活區。當時紅樓店面租金便宜，加上十字建築旁的「ㄇ」字型公共空間，巧妙地將這裡區隔成半隱密區塊，保有同志朋友需要的隱私，自然就深受圈內人歡迎。

除了在紅樓喝喝茶、聊聊天，絕對不能不談這裡舉辦的同志跨年，有異於臺北 101 的煙火大拜拜，紅樓同志跨年有跨性別表演，有猛男秀，有電音 PA，還有好多好多男同、女同相聚一起在歡度屬於同志們自己的過節方式。

我認為，這就是這城市有趣的地方，才是真正的多元，讓各個族群說自己的話，跨自己的年。紅樓，變成觀光勝地，是圈內的會客室，吸引很多國際人士尋幽訪勝；在亞洲地區別具代表性，可見臺灣對同志的接受度與日俱增，吃喝玩樂相關產業逐日成熟。

愈多元愈美麗

西門町的同志散步地圖只有新公園與紅樓嗎？當然不只，舉凡三溫暖、Spa 店，可說百花齊放，多元並陳，可別小看同志的實力！

萬年是其一：同志愛美不怕流鼻水，任何流行都得 Hold 住才行；我那個年代偏愛日本《Man's non-no》雜誌阿部寬風格，萬年樓上的服飾店專門從港、日跑單幫，進口一堆超帥衣裳；那邊有個特色，很多店員都是

Gay，因為那時候百貨公司沒有現在多，愛漂亮的同志想找個工作，當櫃姐，只能去那邊找；我與店員們聊天特別投緣，畢竟大家都是同樣的；在萬年大樓，我第一次感覺到可以跟同志很自在的聊天；現在服飾店大多移往西門新宿，同志不愁沒地方血拚，秀出帥氣的一面。

三溫暖是其二：我第一次去的三溫暖在中山堂附近，那邊有個現在「漢士三溫暖」老闆開的「百樂池」，還有年紀偏大Gay常去的「北歐館」、蔡明亮借過場景拍電影的「金統」、臺客捧場的「皇宮」、盛極一時的「大番」……喜歡吃哪種菜就窩去哪裡，度過難忘的激情時刻。

男師按摩Spa是其三：西門町有固定店面，多位男師輪流駐點的大型Spa店，也有租間小套房搞個體戶的。這是個不錯的現象，有情慾空間，社會才好玩，談戀愛會累，工作會累，但有擁抱、有熱情，有宣洩的管道，才不會有憂鬱症。

健身房是其四：同志空間從單純由Gay所經營演變成不是由Gay經營，但很多Gay都會去，以前的加州健身房即為一例；許多肌肉猛男、金剛芭比，散發誘人鹹濕的費洛蒙，讓人搞不清到底真的在運動，還是在走秀？

Low Low 臺味我最愛

說到這裡，也許有人會以為西門町是專屬男同志的，事實上，女同、跨性別者亦時常可見，小巷弄中有賣束胸的店、拉子開了幾家泡沫紅茶店、紅樓的二樓曾開過 T-Bar、毫不避諱就在街上牽手、擁抱、親吻的女同數量，更超過一般人想像。

我一直很怕凡事階級化，多樣性就會消失，某些族群就會被迫在地圖上消失；我非常喜歡西門町，因為西門町變化不大，有皮條客的、有老伯、有學生、有辣妹，因此，即便東區、信義計劃區發展起來了，我還是很少去。

我心目中的西門町，是個很可愛、有趣、三八的小女孩；用「小女孩」形容，是因為這個區域還有很多可能性，我希望西門町能繼續維持「Low Low 的臺味」。

我喜歡對同志很友善的西門町，年輕的同志崛起後，對同志圈產生很多改變，當既有的東西被鬆動，新的想像不斷誕生；每位同志或多或少都有專屬西門町的歌曲、樂章，以及說不盡的故事……我真心為西門町驕傲，我是同志，我愛西門町！

漢士三溫暖
原址：臺北市西寧南路一二〇號二樓
現址：已結束營業

漢士陪著同志走過一段同志之戀，它的前身「百樂池」開在中山堂附近的東一排骨店樓下，是全臺第一家男同志三溫暖，後來因中山堂改建停車場歇業，並曾以「尊富豪」另起爐灶，後以「漢士」營運，有聊天區、盥洗區、公共區與視聽區，三樓簡單說全是房間。漢士的存在，見證了同性戀的歷史空間，也讓西門町更增添綺麗的夢想，目前已結束營業。

二二八和平紀念公園
地址：臺北市中正區凱達格蘭大道三號

二二八和平紀念公園，原名臺北新公園，一八九九年，由日據時代日本當局著手闢建，直到一九〇八年初步落成，成為臺灣第一個承襲歐洲風格的都市公園。戰後，國民政府接收臺灣；兩年後，二二八事件爆發。當天下午，大批的憤怒群眾，衝進公園中的「臺灣廣播公司」廳舍（今臺北二二八紀念館），成為全臺反抗活動的開端。這一層與二二八事件的歷史關聯，成為將近五十年後公園改名的緣由。

二二八和平紀念公園長久以來一直是臺北市同志的主要聚集場所之一，知名作家白先勇的文學名著小說《孽子》中的故事場景，正是以該公園為舞臺。不論是歷史或是人文，二二八公園都已經成了臺北的重要地標。

▲ 國立臺灣博物館，面朝臺北車站，背後則是承載大量歷史的二二八和平紀念公園。

▲ 二二八和平紀念公園裡的蓮花池亭，是白先勇筆下的孽子們，重要的聚會場所。

文學

老地圖

駱以軍

與 西門町

生於臺北市，為專職作家。作品包括小說、詩、散文及文學評論，曾獲多項重要華文文學獎，其作品並多次獲選《中國時報》與《聯合報》年度十大好書。曾參與愛荷華寫作計畫。寫作風格頗受年輕創作者的歡迎，亦常常可以在文學獎競賽裡，看到所謂「駱腔」的作品，自成一格新流派。

繁華與瑣碎的交會，建構文學生命

駱以軍：「西門町是由彩色瑣碎構成的微宇宙所創造出的繁華夢境。」

對我來說，西門町和我並沒有那麼密切的關係，可是它對我們那個世代太重要了，怎麼都抹不掉。

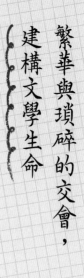

要論起我跟西門町的淵源，得分幾個階段，第一個階段，是我的母親在臺灣銀行的總行上班，那時我們住永和，有時我跟我哥會坐公車，從安靜的永和來到了繁華的臺北都市，總會覺得臺北被強烈的分成本省跟外省兩個國度。本省人會到迪化街過年，而寶慶路就很像是上海人的世界。

當時環繞的中心點是中山堂，中山堂對我的意義，大概是像國民黨的公家機關員工福利，因為小時候我母親在公家機關上班，他們會拿一種橘色的票，可以免費看電影，像是《空山靈雨》、《秋決》等。當時的中山堂還不像現在被整成文化古蹟，一切都是流動的。

位於繁華河流的邊境

我父母帶我去吃過武昌街大排長龍的排骨大王，還會去新公園側門對面吃傳統的冰淇淋（ㄅㄚㄅㄨ），和喝裝在塑膠袋裡的酸梅湯，而在中山堂這邊周圍有很多筆墨莊、綢緞莊，很多銀樓，對當時的我來說，是一個全然華麗的世界。從重慶南路、寶慶路、衡陽路走來，沿路會看到一些精彩的建築，像彰化銀行，日式的大建築，還有可以停四、五排車的中華路，包括中華商場的牌樓，對我來講都是屬於臺北的象徵。

我爸會帶我們到中山堂對面的山西麵食吃貓耳朵，還有一家上海堂菜，也在同一條巷弄裡，當然現在都不存在了。我母親則會帶我去西餐廳，那種暗暗的美國式的西餐廳咖啡屋，吃完後會上一杯咖啡，我還記得有一個咖啡屋，在地下室很多張桌椅，甚至還有樂團演奏。

那是個新舊參差交錯的繁華年代，想像中西門町就像日本一樣既遙遠又陌生。我以為中華路就是那條寬闊的河流，從河流的這邊，要過一個天橋才能到西門町，天橋上擠滿了各種地攤，甚至乞丐，那種乞丐有點像民國四十九年遷臺，大陸的沿海城市那種乞丐，你會覺得他們還停在那個時間，不知何去何從。

天橋一下去，穿過平交道就是西門町，可是大人通常不准我們去西門町，認為它是禁地。於是，我對西門町最深刻的記憶就停在中華商場上，記憶中那裡有回教徒的清真館裡的豆腐腦，還有老周胖子這樣外省的食物，還有很有名的啥鍋，那個時候我父親還會買一種用手推車出來賣的甘蔗汁，這是我童年的回憶。

決戰，青春遊樂場

大概在我國二、國三的時候，我和朋友正式進入西門町這個遊樂場，我們會跑到現在還在的來來獅子林廣場，那時電動玩具相當盛行，來來獅子林廣場一、二樓全部是電動玩具，像快打旋風、長生鳥、道路16各種電動玩具，那時可以利用現金讓你換代幣，這裡有著屬於青少年的特殊貨幣系統。像七桃人、長嫖子、穿日本流氓衫、還有刺青的人，都在打電動。

萬年大樓裡有一個金萬年冰宮，很多人都到那裡溜冰，後來萬年大樓變成在賣模型、玩具槍的所在，是模型迷樂不思蜀的地方，後來有一段時間有很多賣公仔的，現在甚至還有賣 cosplay 配備，那個地方是給苦悶年代的青少年一種解放，不管是身上的刺青，或是一條改良過的牛仔褲。

那時候，中華商場背部全部是西裝皮鞋的裁縫店，訂製非常便宜，不過品質也很差。這地方幾乎是全臺北市的高中生訂做制服的地方，當時的青少年，如果要讓人家覺得你是在混的，就得穿改良過的泡衣泡褲，如果顏色與卡其色的顏色差異很大，過於水泥白，就準備等著教官來抓了。除了訂做的制服，腳下的皮鞋也要有跟，可以喀拉喀拉，才算是走路有風。

西門町還有賣菸的攤子，那個年代只有黃長壽，連白長壽都還沒有出來的階段，有錢一點的抽寶島、總統牌香菸，那個時候洋菸只有幾種，萬寶35、KANE、溫斯頓等，當年讓我們很有感情的萬寶菸廠如今已倒了，可是你到西門町的路邊攤，那種賣八卦雜誌的小攤販，還是會賣各式各國彩色的，像是夢幻糖果盒的香菸。

七〇年代到八〇年代的西門町，是臺北年輕人的遊樂場，那裡賣著便宜的少女假髮、假睫毛、髮飾，那個時候的西門町，全都是對日本的哈日想像。我印象中第一次去吃吃到飽的餐廳，也是在西門町，就是八〇年代剛出現的那種 Buffet。

夢的窟窿

大概九〇年代以後，約莫我大學時期，SOGO被拉出來成為城市的都心，不光是西門町，連帶著衡陽路、重慶南路整個都衰敗了，那時候去西門町，你會覺得人都散光了，大家去所謂的東區，甚至跨過去，到了大直美麗華，人潮一直在移動，這個時候的西門町，好像在沉沒的邊緣，等到中華商場拆掉以後，西門町靠近萬華那一帶就更破敗了。

遊樂場的繁華之神突然離開了，就像華麗的鱗片羽毛都被拔光，我看到的是一個徹底的衰敗王國。到處是穿著學生服，或是泡衣泡褲的那種女孩子，在等年紀大的老頭子請她們吃西餐，或是可以去上賓館的落翅仔，再剩下就是吸毒的人，便宜的妓女，還有老人和紅包場。那時候的紅樓就是放A片的地方，感覺像是一個禁忌、祕密的所在，裡頭很雜亂，城市裡的汙垢、邪惡的傳說都自那裡誕生。

我很喜歡捷克的小說家赫拉巴爾，他把城市的興衰寫成像是藏汙納垢的考古地層學。我想每個城市都一定會有一個夢的窟窿，埋藏了整個城市的故事，而西門町就是這個夢的窟窿，曾經繁華一時，可是它的繁華，又隨著時間消失殆盡。

後來，西門町開始辦影展，文青湧進去了，現在又重整過步道，西門町過了十年、二十年後開始翻身。重整之後，西門町似乎變成青少年文化的代表，以前的西門町如同被炸掉似的不見了，因為捷運口在那邊，有新的商機，紅樓也變時髦了，還有小熊村，包括刺青，販售一些手機裝飾品之類的小物品。

但現在的青少年可能是富裕了，不但有網路，去的地方也多了，可以想像的世界是非常寬闊的，所以對現在的年輕人來說，西門町只是其中一個選擇，而不像當時的我們，是一個夢想應許之地。以前進入西門町，就像進入大型遊樂場，你在裡頭消費，得到實體的給予。例如：彩虹香菸，還有令人目炫神迷的小事物、小玩具。那時的西門町充滿了夾娃娃機，機裡都是日本正版的公仔，而在萬年大樓，則是所有的動漫迷的天堂，日本真正的漫畫，或正版的繪圖，原畫集，還有電視遊樂器如任天堂都在那裡。對青少年來說，西門町簡直是為了他們而誕生的，賦予了一種狂歡感。對許多無法在東區揮霍的年輕人來講，西門町能讓他們感到安心。

到了現在，西門町對我來說，就好像是同一個名字的城市，可是現在住在這個城市的神祇，跟原來城市早就不一樣了。

中山堂

地址：臺北市延平南路九十八號

原清朝臺灣布政使司衙門舊址，一九三一年，日據時代之總督府為慶祝裕仁天皇登基，以及民間文化活動需要，計劃將布政使司衙門拆除，於現址建立公會堂，並於一九三六年完工。完工時的公會堂因面臨全面戰爭爆發初期，建築採取一九三〇年代流行的現代折衷主義樣式，設計概念簡單、明朗；外貼由北投窯場所生產的淺綠色面磚，臺灣難得一見的中東阿拉伯拱窗打造出獨特的設計美學。

在一九五〇年代至一九九〇年代，中山堂是公教人員專屬的免費電影院，也曾經是國民大會開會的所在地。今日的中山堂已逐漸褪

▲ 曾經政治味濃的中山堂，如今常有詩歌節、電影節租地展演，也吸引各式的舞臺劇團於此搬演人間奇情。

去以往政治氛圍，在臺北市政府文化局的管理與經營下，成為演藝及休閒運動的活動空間，並開放入內參觀，並可以合理的預算承租，舉辦文藝展演，是為古蹟透過文化再生的另一代表。

◆萬年大樓

地址：臺北市萬華區西寧南路七十號（西寧南路與峨眉街交界處）

一九六四年，位於峨眉街跟西寧南路的「萬年商業大樓」開幕了，萬年大樓屬於綜合性大樓，裡面吃的、用的應有盡有，不僅是是西門町代表地標之一，也是很多人學生時代必去的地方。著名的「萬年冰宮」也在裡頭，是五、六〇年代人的美好回憶。

在歷經了三、四十年的變換，時下熱門活動從冰宮、MTV到撞球場，不停進化著，但一路走來，萬年仍深受時下年輕人的歡迎。目前B1是小吃部，一樓至四樓的百貨城以小坪數店面為主，還有五樓的湯姆熊歡樂世界，不變的是萬年大樓一直是年輕人的消費天堂。

▲ 萬年商業大樓鄰近西門新宿，舊與新相互爭風，各具特色。

▲ 萬年冰宮像是一則真實的傳說，令敘述的人眼神發亮。

性別

老地圖

顏忠賢

曾任實踐大學建築系主任、現專任副教授。建築設計與裝置藝術作品曾赴紐約、荷蘭、日本、希臘、英國、布拉格、米蘭多國展覽，並獲選為美國紐約（MOMA/ PS1）駐館藝術家，臺北市駐耶路撒冷、加拿大交換藝術家，ANN 亞洲十四國青年藝術家創作聯展之臺北代表，二○○一年臺北文學獎「文學年金」創作首獎等獎項。

大火、迷亂、西門町

顏忠賢：「我始終難忘，關於西門町的一場大火。」

我老是會想起大火的那個晚上。

在西門町，我進退兩難入迷地困在那場，難以忘懷又無以名狀炫目華麗的大火場景前。

那是我小學二年級從彰化搬到臺北的那一年某一天，半夜，我和姊被叫醒，瞎眯之中披著床單就往樓下巷口跑。那是多麼遙遠又逼近的畫面。多麼危險又多麼開心地華麗著，就像某種放烽炮或煙火的現場，慌慌張張但又怪異地夾雜無比亢奮，甚至，就只像一個夢，夢裡太多太不可思議的狀態，空氣中的焦味混著木頭潮濕太久的霉味。

大火，火有多大，我始終不清楚。或許我也始終沒有清醒。

關於西門町的死亡啟蒙

擠在那又哭又鬧又害怕極了的人群，擠在仍然還在燃燒的火災現場，不知如何是好，火逼近的熱是另一種更逼身的威脅，比那狹窄極了的長巷道裡某遠方的木製房屋窗口冒出濃烈的黑煙，還更令人不安。在那暗夜中看到的火花是那麼美麗那麼忽遠忽近。

但比起這些，去世的人更令我難過，大火中住在不遠處鄰家的小孩被活活燒死了，我還記得我跟他去河邊打過棒球。有一回，我在一群人同時的歡呼和咒罵中，看著他揮棒太用力了，竟然把球打到河裡，再也撿不回來。所有人只好都呆坐下來，不知如何是好。就在那時候，我才在發呆中遠遠看到河岸上頭天空的普魯士藍光澤與兩岸向更遠方漫延長出的亂草叢生的綠意。

心裡想到那就是淡水河。臺北的河，就是這一條河的河水將這個城流向海洋。

在那樣一個大火的夜裡，我才想起那一回怪異的巧合，一位因為輸了或沒球玩了而咒罵他的同學忿忿不平地說他會不得好死，因為他觸怒了河神。

我看著他的父母，他們哀傷地抱著他，撫摸孩子的臉龐和頭髮，整理遺體，哭得好慘。本來他的爸爸媽媽是從火場帶他們家三個小孩們逃出來的，但是，他跑得太快，跌落樓梯困在裡頭，來不及救了。

那是極恐怖的畫面。因為躲開火場的我們站得太近。我竟然看到那個和我同年紀的小孩。他的臉燒毀了一半，本來天真浪漫的容顏竟然露出半骷髏的眼洞，血液已然變成暗紅甚至黝黑，半流動半黏著在頭顱骨肉之間，頭髮混亂而纏繞，還貼著另一半仍看得出耳鼻的臉龐，太令人不安、也太可怕了。

但是，我卻不知為何被深深地吸引而目不轉睛地注視。

或許，是因為好奇，或許，更因為心裡始終揮之不去的一個念頭，一個疑問那麼地不堪又那麼糾纏不清。

「如果這小孩是我呢？如果我睡到一半就這樣死去了呢？」

後來，我們全家人和鄰居一起站在路邊看著火勢從遠而近，很著急很緊張但只能站著，一站就站了好幾個小時，不知如何是好。

我始終記得當年那個在西門町住的低矮舊木造房子，日據時代留下來的宿舍樓層，年久失修，一如更多在巷裡討生活的下港人家所住的那種破爛不堪的家。一直到那場大火的燎原之後，大家才發現，我們是住在後臺般的後巷，生活在狼籍不堪中。

雖然那老房子太逼近前臺的炫目華麗，畢竟巷口就是當年最龐大最高規格的國賓戲院，充滿西門町當年那種極度盛況的閃閃發光，有臺北最新又最入時的遊樂園般的商家、冰宮、舞廳、紅包場、電影院……等，都是時髦而難以想像地熱鬧現場。

後來的後來，我們坐在紅樓旁的露天咖啡廳一帶。我跟她說：其實紅樓這一帶以前很陰。一個蓋成八卦形狀用來辟邪的老西門市場和拜妖狐狸的稻荷神社。

不知是不是這電影街裡的電影和這紅樓裡小熊村的幻覺，對我而言，這裡打開了所有人間的矛盾與複雜，既歡樂又悲哀，既古代又現代，既祕密又開放，栩栩如生。這應該是一場場的城市最亦正亦邪的兩難寓言。

這種電影的夢幻、恐懼、熱血多麼像西門町會發生的事。或像在小熊村裡會發生的，專屬於年輕人的幻夢困境。

她說。或許，這就是一本漫畫改編的電影而已。而且是給少男看的那種。

我跟她說，「小熊村」是一堆熊 GAY 們聚集的村落。

本來這裡原本只有一間名叫小熊村的咖啡廳，門口擺著幾隻大大小小的泰迪熊玩偶。

老闆好像就是熊男。據說他原本是開店在別的地方，店裡時營業時不營業，常有一堆熊男在裡面玩耍，也分不清是老闆還是客人。大概是幾年前，他們才搬到紅樓這裡來。小小的店面，外面有露天座椅，在夜晚燈光的妝點下，一群從附近健身房下課後的熊族們陸陸續續來訪。

後來，更多店家紛紛在小熊村旁開設起來，有賣泰國菜的、炸雞的、咖啡和茶的、蛋包飯的、調酒的、黑輪的、性感內褲的、剪頭髮的……等，這裡遂變成一個村子。

如果是常客，走到這邊，會發現很多人都不約而同地在掃瞄。熊、猴、野郎、C妹、水男孩、體育系、考古族……各式各樣的客人都有。還有人更尖銳地批評小熊村：「每個體重都超過八十公斤、肚圍遠遠超過胸圍，現場是他這輩子看過最多肥子的地方。」還有人攻擊說：「你沒事去豬公寮做什麼？最慘的是全部都是母豬！」也有人說：「你搞錯了，那不是咖啡廳，是神豬比賽現場。」好荒誕又好聰明的嘲弄。

紅樓這一帶，很陰的，充滿鬼故事。

這裡，太像個幻覺。

在激烈的辯論之後，我對她說，一如西門町，你以為我是OK繃，假皮，人工關節般的療癒。而你是照妖鏡，女巫，練過忍術的體操選手般尖銳。但是，在某些時光的幻覺裡，我卻覺得是完全顛倒，我想，你其實是正派的斷掌兵符樊梨花，名門正派的滅絕師太，而我只是巨大恍神的無臉男，是被你修理砍殺的那種紈絝到不知民間疾苦的惡少淫桿。

但是，她沒再追問為什麼，只笑著說，看我怎麼收拾你。

但是，不知為何，坐在小熊村裡，一邊說話，一邊看著紅樓，我卻老是想著我們剛剛在西門町一起去看的那一部片。

男主角對女主角說：「我一直在做你會消失的夢。這裡是天堂。也是地獄。」

西門町的同志地圖

小熊村

地址：臺北市萬華區成都路十號

近年來，臺北的同志們大概都去過或至少聽說過一個隱身在西門町紅樓劇場旁的新興同志景點「小熊村」。顧名思義，小熊村就是一堆熊GAY們聚集的村落，這裡不僅是GAY的交誼廳，更是全臺灣同志們北上必來朝聖的宗祠，也出現過不少外國GAY前來觀光探索、打打牙祭之處。入夜後可看見店內外清一色爆滿的男顧客，溫暖有質感的店面、自然健康的飲品與小點心，也吸引不少非同志光顧，以此為中心，紅樓儼然成為一個新興的彩虹特區。

▲ 位於西門紅樓的小熊村，是知名的同志景點，經常笙歌徹夜，生息不倦。

特別感謝

王偉忠、李立群、阮慶岳、范可欽、郎祖筠、倪重華、張國立、舒國治、溫慶珠、賴正哲、駱以軍、隱地、顏忠賢……等。

（依姓名筆畫排序）

採訪協力

古嘉琦、李佳韓、吳瀚邦、鄧薇琪、師瑞德、傅嘉美、蕭合儀、遲嫻儒。

【中華路】

◆**理教總公所**

一九〇四年（光緒三十年）興建，民國元年完工。原址為日據時代的「西本願寺」，民國四十四年奉撥更名。民國六十四年曾遭祝融之災，毀壞處未再復建。

地址：中華路一段一七四號

電話：02-23319174

◆**國軍文藝中心**

民國四十六年建造，原名為「國光戲院」，隸屬於國軍單位。在國家劇院啟用前，專屬提供「國劇」演出。

地址：中華路一段六十九號

電話：（02）2343-4000

【西寧南路】

◆**皇宮**

著名的男同志休閒、交友場所。

地址：西寧南路二十號

電話：（02）2381-5900

◆**獅子林廣場**

西門町著名的百貨大樓地標之一，鄰近武昌誠品百貨公司（原來來百貨），樓上亦有影城，曾是金馬影展合作的影城之一。

地址：西寧南路三十六號

◆**萬年大樓**

西門町著名的綜合型的百貨大樓地標之一，以模型和流行服務商家為主。七、八〇年代風靡一時而現已關閉的「萬年冰宮」亦設立於此。

地址：西寧南路七十號

電話：（02）2381-6282

◆**清香沙茶火鍋**

成立於一九四六年，為西門町老字號的米鍋店。以汕頭沙茶火鍋聞名。

地址：西寧南路八十二巷五號

電話：（02）2331-9561

◆**漢士三溫暖**

著名的男同志休閒、交友場所。

地址：西寧南路一二〇號二樓

電話：（02）2311-8681

◆**北歐館**

著名的男同志休閒、交友場所。

地址：西寧南路一五五號五樓

電話：02-23810981

◆**鳳凰大歌廳**

西門町著名的歌廳，以俗豔華麗的舞台表演聞名，後因流行更迭，而轉為臺灣特殊的「紅包場」文化為經營特色。

地址：西寧南路一百五十九號五樓

電話：（02）2311-2347

◆**法華寺**

創立於一八七九年（光緒五年）。三級古蹟，是臺灣現存最老的日式佛堂。

地址：西寧南路一九四號

電話：（02）2312-0437

【成都路】

◆**西門紅樓**

西門町的代表性建築之一，紅磚洋樓設計，為三級古蹟。近年來因重整，逐漸發展出創意市集、同志休閒圈等特色。

地址：成都路十號

電話：（02）2311-9380

◆**小熊村**

西門紅樓內的店家之一，深受同志喜愛，可說是紅樓同志集散的發源地。

地址：成都路十巷二十七號（西門紅樓左側廣場）

電話：（02）2370-6170

◆**蜂大咖啡**

西門町的老字號咖啡店之一。以虹吸式和冰滴咖啡與核桃酥聞名。

地址：成都路四十二號

電話：（02）2371-9577

◆**南美咖啡**

西門町的老字號咖啡店之一。招牌為特級南美咖啡，亦提供簡單的輕食。

地址：成都路四十四號

電話：（02）2382-2812

◆**天后宮**

原名艋舺新興宮，建於一七四六年（乾隆十一年），供奉天上聖母。因位於西門町鬧區，有全臺地價最高的廟宇之稱號。

地址：成都路五十一號

電話：（02）2331-0421

◆**臺北牛乳大王成都店**

創立於一九九四年，以新鮮水果調味的牛乳聞名，為本土現搾飲料品牌之一。

地址：成都路七十號

電話（02）2331-8877

◆**國賓戲院**

西門町著名的老牌影城之一。以容納一千兩百三十四個座位的大廳聞名，是目前臺灣能容納人數最多的影廳。

地址：成都路八十八號

電話：（02）2361-1223

◆**我家川菜館**

西門町著名川菜館之一。招牌菜為雞絲拉皮。

地址：成都路一〇五巷七號

電話：（02）2389-2369

【延平南路】

◆**中山堂**

一九二八年由日本人為建，名為「台北公會堂」，光復後由臺北市政府接手管理，更名為中山堂。現多為藝文活動舉辦地如臺北電影節、臺北詩歌節……等。

地址：延平南路九十八號

電話：（02）2381-3137

【昆明街】

◆老董牛肉麵

創立於民國三十九年，原為路邊攤，易手後移至現址後才正式取名老董，招牌料理為油豆腐細粉和牛肉麵。

地址：昆明街一百四十六號

電話：（02）2371-3746

【武昌街】

◆明星咖啡館

民國三十八年開幕，為西門町老牌的咖啡館之一。因文人、作家經常聚集於此討論文學、創作而聞名。

地址：武昌街一段五號二樓

電話（02）2381-5589

◆金滿園排骨

前身為民國六十年開幕的「金園排骨」，招牌是以獨門配方調味的排骨、雞腿飯。

地址：武昌街二段八十二巷三弄一號

電話：（02）2331-5194

◆樂聲戲院

西門町著名的「電影街」影城之一。

地址：武昌街二段八十五號

電話： 02-23118628

◆日新威秀影城

西門町著名的「電影街」影城之一。

地址：武昌街二段八十七號

電話：（02）2331-5256

◆豪華數位影城

西門町著名的「電影街」影城之一。

地址：武昌街二段八十九號

電話：（02）2331-5077

【峨眉街】

◆美觀園本店

創立於一九四六年，為臺灣和漢料理的代表，是西門町鬧區高人氣的餐廳之一。

地址：峨眉街三十六號

電話：（02）2331-7000

◆大車輪日本料理

創立於一九七六年，以壽司和生魚片料理聞名，是臺灣第一家引進火車壽司的店家。

地址：峨眉街五十三號

電話：（02）2371-2701

【康定路】

◆黔園

西門町著名川菜館之一。座落於西門町知名的川菜街中，招牌餐點為宮保雞丁和乾扁四季豆。

地址：康定路二十五巷三十九號

電話：（02）2389-2369

◆真川味

西門町著名川菜館之一。座落於西門町知名的川菜街中，招牌餐點為麻辣牛肚和老皮嫩肉……等。

住址：康定路二十五巷四十二之一號

電話：（02）2311-9908

【凱達格蘭大道】

◆二二八和平紀念公園

原名為臺北新公園，一九九六年為紀念二二八事件中的受難者，改為現名。曾是著名的同志聚集地，也是白先勇小說《孽子》的重要場景之一。

地址：凱達格蘭大道三號

電話：（02）2389-7228

【開封街】

◆麗華糕餅店

日據時代以西點麵包起家的西門町知名餅舖，招牌是綠豆、紅豆、花生和檸檬口味的冰棒，以「在糕餅店排隊買棒冰」的特殊景觀聞名。

地址：開封街一段五十七號

電話：（02）2311-3989

◆**賽門鄧普拉**

原名為「賽門甜不辣」，是老字號的甜不辣專賣店，也是臺灣少數知名的甜不辣連鎖店。

地址：開封街二段四十六號

電話：（02）2361-9790

【漢中街】

◆**絕色電影城**

西門町著名影城之一。以兼顧藝術和商業電影為經營特色。

地址：漢中街五十二號八至十一樓

電話：（02）2381-1339

◆**真善美戲院**

西門町著名影城之一。以播放影展、藝術電影為主。

地址：漢中街一一六號

電話：（02）2331-2270

【廣州街】

◆**剝皮寮**

混合了閩南及西洋巴洛克式的獨特建築，由於電影《艋舺》的取景而再度蔚為風潮的萬華地區著名老街廓。

地址：廣州街一〇一號

電話：（02）2336-1704

【衡陽路】

◆**老牌公園號酸梅湯**

鄰近於二二八和平紀念公園，是當地著名的老店，除了招牌的酸梅湯，亦有炒麵、冰淇淋……等各式餐點。

地址：衡陽路二號

電話：（02）2388-1091

◆**全祥茶莊**

自民國三十八年起就存在的老牌茶莊，是西門町的代表性老店之一。

地址：衡陽路五十八號

電話：（02）2311-4021

爛漫年代・西門町：
她的美麗妖嬈，他們的青春回憶

企劃統籌	蘇誠修
文字整合	貓眼娜娜　等
內文版型	林曉涵
攝影	林宗億
美術設計	16 設計
出版者	推守文化創意股份有限公司
發行人	周永欽
總經理	韓嵩齡
總編輯	周湘琦
印務暨發行經理	梁芳春
行銷副理	黃文慧
行銷業務	汪婷婷、塗幸儀、王忠信
內文圖片	P15, P28, P29(下), P75, P85, P86, P154, P155(右), 均由中央社授權提供。
臉書 Facebook	http://www.facebook.com/pushing.hanz
部落格	http://phpbook.pixnet.net/blog http://www.wretch.cc/blog/pushinghanz
發行地址	106 台北市大安區四維路 14 巷 4 號 1 樓
電話	02-2700-7551
傳真	02-2700-7552
劃撥帳號	50043336　戶名：推守文化創意股份有限公司
讀者服務信箱	reader@php.emocm.com
總經銷	高寶出版集團 地址：114 台北市內湖區洲子街 88 號 3 樓 電話：02-27992788　傳真：02-27990909
初版一刷	2012 年 11 月 21 日
定價	二八〇
ISBN	978-986-5883-00-3

國家圖書館預行編目資料

爛漫年代.西門町：她的美麗妖嬈,他們的青春回憶
-- 初版. -- 臺北市：推守文化創意, 2012.12
　面；　公分. -- (新文學；5)
ISBN 978-986-5883-00-3(平裝)
1.人文地理 2.商店 3.臺北市
733.9/101.4　　　　101021715